马克思主义经典著作解读丛

Makesi Zhuyi Jingdian Zhuzuo Jie

主编／王为全

马克思主义的知行观

《实践论》
解 读

孙旭◎编著

中国出版集团

现代出版社

图书在版编目（CIP）数据

马克思主义的知行观：《实践论》解读／孙旭编著. —北京：现代出版社，2016.1（2025.1重印）

ISBN 978 - 7 - 5143 - 1659 - 9

Ⅰ. ①马… Ⅱ. ①孙… Ⅲ. ①《实践论》- 毛泽东著作 - 研究

Ⅳ. ①A841.24

中国版本图书馆 CIP 数据核字（2014）第 071977 号

作 者	孙 旭	
责任编辑	王敬一	
出版发行	现代出版社	
通讯地址	北京市安定门外安华里 504 号	
邮政编码	100011	
电 话	010 - 64267325 64245264（传真）	
网 址	www.1980xd.com	
电子邮箱	xiandai@ cnpitc. com. cn	
印 刷	三河市嵩川印刷有限公司	
开 本	700mm×1000mm 1/16	
印 张	12	
版 次	2016 年 1 月第 1 版 2025 年 1 月第 3 次印刷	
书 号	ISBN 978 - 7 - 5143 - 1659 - 9	
定 价	48.00 元	

前　言

　　毛泽东思想是中国共产党集体智慧的结晶。它是以毛泽东为主要代表的中国共产党人，运用马克思主义基本原理，把中国革命和建设实践中的一系列独创性经验作出了理论概括，进而形成的适合中国情况的科学的指导思想。《实践论》是毛泽东写于中国革命战争年代（1937 年 7 月）的马克思主义哲学著作，是毛泽东思想的重要组成部分，也是我们党的路线、方针、政策的理论基础。那么，时隔半个多世纪的今天，我们为什么要重新解读《实践论》呢？

　　正确对待认识与实践的关系。我们的感官，在观察自然现象时还能够坚持唯物主义的观点，但当我们观察人类社会形形色色的复杂现象时，则深深地陷入了"唯心主义"。客观实际本身不会开口说话，对人们的认识是否正确不能直接作出回答。所以，要想活得"明白"，就必须抓住事物的本质。只有抓住事物的本质，才能按照事物本身的客观规律办事，才能办好事。实际上，这就是关于知和行、以及如何处理好知和行的关系问题。大到党和国家制定大政方针，小到个人履行实践，无论是谁，都必须直面这个问题。《实践论》就是毛泽东运用马克思主义理论结合中国的情况，解决这个问题的经典作品。

方便我们直接学习马克思主义哲学。毛泽东曾说："马克思主义有几门学问：马克思主义的哲学，马克思主义的经济学，马克思主义的社会主义——阶级斗争学说，但基础的东西是马克思主义哲学。"在中国革命战争时期，毛泽东系统深入地研究了马克思主义哲学，应用马克思主义哲学去分析和解决中国革命和世界革命的各种极其复杂和重大问题，不断地给人们指出走向胜利的道路。毛泽东的哲学思想是马克思主义哲学的直接继承和发展，它集中表现在毛泽东的一系列哲学著作中，《实践论》就是其中的优秀代表作。可以说，通过学习毛泽东的这部哲学著作，我们能够直接领会马克思主义哲学中关于实践的理论、认识的理论以及认识与实践相统一的理论。

领会"实事求是"的哲学思想。历史的实践证明，"实事求是"是帮助人们改造主观世界和客观世界的有力武器。而《实践论》恰恰是毛泽东"实事求是"思想的直接来源。可以说，从多大程度上掌握了"实事求是"思想，就从多大程度上掌握了毛泽东思想的精髓。深入地、系统地学习《实践论》，对于提高我们的理论水平，提高我们分析问题、解决问题的能力是有很大帮助的。虽然《实践论》成书于七十多年前，但无论昨天、今天、明天，它依然是一部能够指导我们改造自己思想、改造外部世界的伟大哲学著作。

最后，在学习《实践论》的过程中，我们不仅能学到马克思主义关于认识和实践的一般原理，还能从中感受到毛泽东用老百姓喜闻乐见的语言，赋予其鲜明的中国特色、中国风格和中国气派。

编 者

2014 年 1 月 23 日

目 录

第一章　《实践论》孕育成书的必要条件

　　《实践论》是一本光辉的哲学著作，它让哲学从哲学家的课堂上和书本里解放出来，变为群众手里尖锐的武器。我们要想了解《实践论》，就必须首先了解毛泽东以及他的思想来源，而要想了解毛泽东和他的思想，就不能不了解《实践论》的写作背景。

第一节　中国革命经验的总结

（一）总结革命成功的经验

　　《实践论》是党独立探索中国特色革命道路成功经验的哲学总结。革命成功的经验告诉我们：一方面，只有正确认清革命的形势，才能开展成功的革命运动；另一方面，还要在革命运动的实践中总结经验、提高认识。

中国共产党是马克思列宁主义和中国工人运动相结合的产物，是近代中国社会及人民革命斗争发展的必然结果。随着马克思主义的传播及其同工人运动的初步结合，随着一批接受马克思主义的先进知识分子的出现，建立新型的工人阶级政党的任务提上了日程。1920 年 4 月，经共产国际批准，俄共（布）远东局派维经斯基等人来华。他们先后在北京、上海会见李大钊和陈独秀，讨论建立中国共产党的问题，并帮助进行建党的准备工作。1921 年 7 月 23 日，中国共产党第一次全国代表大会在上海召开。大会的中心任务是讨论正式成立中国共产党的问题。大会讨论并通过了中国共产党党纲，规定党的纲领是：革命军队必须与无产阶级一起推翻资本家阶级的政权；承认无产阶级专政，直到阶级斗争结束，即直到消灭社会的阶级区分；消灭资本家私有制，没收机器、土地、厂房和半成品等生产资料，归社会公有；联合第三国际。党的一大正确地认识到中国革命的必要性、紧迫性，确认了以马克思列宁主义为行动的指南，以实现社会主义和共产主义为奋斗目标的行动纲领。正是有了这样的正确认识，中国共产党才能领导中国革命事业走向胜利。自从有了中国共产党，中国革命的面貌就焕然一新了。1922 年 1 月，在中国共产党优秀党员苏兆征的领导下，香港举行了海员大罢工。罢工从要求增加工资的经济斗争，发展成为反抗帝国主义压迫的政治斗争。3 月 8 日，历时 56 天的香港海员大罢工宣告胜利结束。

只有正确地分析中国革命的形势，才能领导中国革命朝正确的方向前进。1922 年，中国共产党第二次全国代表大会在上海召开。中共二大正确分析了中国的社会性质，中国革命的性质、对象、动力和前途，指出了中国革命要分两步走，在中国近代史上第一次提出了彻底地反帝反封建的民主革命纲领。党的最高纲领是实现社会主义、共产主义。现阶段的革命纲领即最低纲领是统一中国为真正的民主共和国。在当时的特定背景下，各种流派学说林立，人们的思想混乱，无法真正看清当时中国的时局，更无法看清中国革命的未来前途。毫无疑问，中共二大为中国各民族人民的革命斗争指明了正确方向，对中国革命具有重大的深远的意义。1922 年 10 月 23 日，在邓中夏、彭礼和、王尽美、邓培等人的组织下，开滦五矿 5 万多名工人开始举行声势浩大的反帝总同盟罢工。正是因为有了共产党的领导，开滦煤矿工人大罢工才取得胜利。英国人无可奈何地说：今天的中国工人不象像昔时候，而是完全变了。1923 年 2 月 4 日，在张国焘、项英、罗章龙、林育南等人的领导下，京汉铁路全路两万多工人举行大罢工，1200 公里铁路顿时瘫痪，严重影响了帝国主义在华的利益。京汉铁路工人大罢工引起了帝国主义和反动军阀的恐慌。在帝国主义支持下，吴佩孚调动两万多军警在京汉铁路沿线镇压罢工工人，制造了震惊中外的"二七惨案"。京汉铁路工人大罢工，进一步显示了中国工人阶级的力量，扩大了党在全国人民中的影响。

为了结束北洋军阀的黑暗统治，增强新生的革命的力量，促进中国革命事业快速发展，中国共产党认识到，必须与孙中山领导的国民党进行合作。1923 年，中国共产党第三次全国代表大会在广州召开。党的三大召开，决定共产党员以个人身份加入国民党，实现国共合作，同时保持共产党在政治、思想、组织上的独立性。1924 年，国民党一大召开，确立联俄、联共、扶助农工的三大政策，形成了新三民主义，标志着第一次国共合作正式形成。第一次国共合作加快了中国革命的历史进程。

在革命运动的实践中总结经验、提高认识。1927年蒋介石、汪精卫先后叛变革命，第一次国内革命战争遭到失败。同年7月中共中央在湖北汉口召开了临时政治局常委会议，决定在共产党力量较强、工农运动基础较好的湖南、湖北、江西、广东4个省举行秋收暴动，彻底解决农民的土地问题。8月1日，为了反抗国民党反动派的屠杀政策，唤醒广大中国人民，表明中国共产党要把中国革命进行到底的坚定立场，在周恩来、谭平山、叶挺、朱德、刘伯承等人的组织下，中国共产党发起了南昌起义。南昌起义打响了武装反抗国民党反动派的第一枪，揭开了中国共产党独立领导武装斗争和创建革命军队的序幕。8月7日中共中央在汉口紧急召开"八七会议"，纠正了陈独秀的右倾投降主义路线，确定了武装反抗国民党反动派屠杀政策和开展土地革命的总方针。毛泽东在会上提出"须知政权是由枪杆子中取得的"。会议决定派毛泽东去湖南改组中共湖南省委和领导秋收起义。9月9日，在毛泽东的领导下，湖南东部和江西西部的工农革命军举行了秋收起义。秋收起义为后来各地工农红军和农村革命根据地的大规模发展奠定了基础，并印证了毛泽东"农村包围城市"的正确思想。9月29日，毛泽东在江西省永新县三湾村，领导了举世闻名的"三湾改编"，他创造性地确立了"党指挥枪""支部建在连上""官兵平等"等一整套崭新的治军方略，三湾改编是中国共产党建设新型人民军队最早的一次成功探索和实践。

随着革命的深入，1931年11月7日，中国共产党在江西瑞金建立了中华苏维埃共和国，她是中华人民共和国的雏形，是我们党建立人民政权的探索和尝试。为了摧毁中华苏维埃政权，国民党组织了五次声势浩大的围剿行动。在第五次"反围剿"后，红军第一方面军，即中央红军的主力决定开始长征。1934年10月上旬，中央红军主力各军团分别集结陆续出发并向陕北前进。1935年1月7日，红军占领遵义。1月15日，中共中央在遵义举行了"遵义会议"，确立了以毛泽东为代表的中共中央的正确领导，制定了红军新的战略方针，从而在最危险的关头挽救了红军和中国共产党。遵义会议是中国共产党从幼稚走向成熟的标志，是中国共产党对革命的成功探索。同年3月，组成了实际上以毛泽东为首，周恩来、王稼祥参加的三人军事指挥小组。他们以中共中央、中央军委的名义指挥红军的行动。

（二）反省革命曲折的教训

革命的道路从来不是一帆风顺的。我党在第二次国民革命战争时期曾经犯过三次"左倾"错误，其中以王明的"左"倾教条主义给我党造成的损失最严重。王明的"左"倾教条主义在党内统治长达4年之久，在理论上、政治上、军事上、组织上表现得最为充分和完备，影响最深，危害最大。左倾本意是指政治上追求进步、同情劳动人民的倾向。但是带有引号的"左"倾，就不是追求政治上的进步，而是政治思想上超越客观实际，脱离社会现实条件，陷入空想和冒险的倾向，即极"左"。所以，为了表示贬义，特在左字上添加了引号，即"左"倾，用来区别于带有进步意义的左倾。通常"左"倾思想表现为三种，第一种是急于求成，主观地夸大革命力量，轻视敌人力量，忽视客观困难，在革命和建设中采取盲动的冒险的行动；第二种是在革命组织内部混淆两类不同性质的矛盾，采取残酷斗争、无情打击的政策；第三种是在同盟军问题上实行关门主义，打倒一切。

瞿秋白的"左"倾盲动主义。第一次国内革命战争失败后，国际共产主义对党的领导机关进行改组，陈独秀被停职，张国焘临时主持中央工作。1927 年 8 月 7 日，共产国际派罗明那兹到汉口出席中央紧急会议，即"八七会议"。会议指定瞿秋白担任临时中央政治局常委，并主持中央工作，成为继陈独秀之后中国共产党的领导人。中共中央在瞿秋白的领导下，11 月在上海召开了临时政治局扩大会，会议接受了国产国际代表罗明纳兹提出的"不断革命"的错误观点，认为民族资产阶级叛变革命后，已经成了绝对的反革命势力，中国革命要推翻豪绅地主阶级，就必须同时推翻资产阶级。因此，罗明纳兹得出了中国革命的前程必然要超越民权主义的范围，急转直下进入社会主义道路的错误结论。他们还提出了没收民族资产阶级企业的错误政策，否认大革命失败后处于低潮的形势，固执地认为敌人的屠杀进攻恰恰证明了革命潮流的高涨，提出党的总策略是发动城市工人和农民举行总暴动。在瞿秋白"左"倾盲动主义路线下，中央政治局先后发动了南昌暴动，广州暴动以及秋收起义。他们不顾敌人的强大和革命失败后的实际情况，反对组织撤退，命令共产党员和群众去发动没有胜利希望的城市暴动。瞿秋白的这种"左"倾盲动主义、冒险主义给党和革命带来了巨大的损失。

李立三的"左"倾冒险主义。1928 年党的六大以后，由于贯彻了大会的正确路线，使革命走向复兴的局面。随着局势的好转，共产党内"左"的急性病又逐渐发展起来。1930 年 6 月，李立三主持召开中共中央政治局会议，会议通过了由李立三起草的《新的革命高潮与一省或几省的首先胜利》的错误决议。决议认为中国革命也好，世界革命也好，都到了大决战的前夜。所以，中国的革命不再需要逐步积聚的力量，只要大干只要武装暴动，全国便跟着一起武装暴动了。所以，李立三反对毛泽东的"农村包围城市"思想，提出了组织全国中心大城市武装起义的口号，并命令红军进攻武汉、长沙等中心城市。这次会议标志着以李立三为代表的"左"倾冒险主义错误在中共中央取得统治地位。日后的实践证明，李立三的"左"倾冒险主义思想对形势作了根本错误的估计，以李立三为代表的"左"倾冒险主义使党受到很大损失。1930 年 9 月，中共中央召开了六届三中全会。会议纠正了李立三对中国革命形势的"左"倾的错误估计，停止了组织城市暴动和红军进攻大城市的冒险计划。李立三的"左"倾错误在党内统治的时间虽然只有 3 个多月，但使刚刚发展起来的革命力量遭受了重大损失：国民党统治区内，许多地方的党组织因为急于组织暴动而把原来的有限力量暴露出来，先后有 11 个省委机关遭受破坏，武汉、南京等城市的党组织几乎全部瓦解。红军在进攻大城市时也遭到很大损失，先后丢失了洪湖及右江等革命根据地。那么，中国革命为什么要走农村包围城市的道路呢？

第一，中国革命走农村包围城市的道路，是由中国的基本国情所决定的。中国不是一个独立的、民主的国家，而是一个半殖民地半封建的国家，外部没有实现民族独立，并长期受到帝国主义压迫；内部没有民主制度，长期受到封建制度压迫。因此，在全局上和长时期内不具备合法斗争的条件，不可能像资本主义国家的无产阶级政党那样，利用民主议会制度和组织工人进行罢工实现革命。因此，中国人民要想争取民族独立和人民解放，必然会遭到帝国主义和封建势力的镇压，所以现实的情况逼迫着中国人民只能拿起武器，只能以武装的革命来反抗武装的反革命，只能用暴力流血的革命的去推翻帝国主义和封建势力，武装斗争是中国革命的一个显著特点。

第二，在半殖民地半封建的中国社会，农民占全国人口的绝大多数，而栖居于城市里的工人阶级人数很少。显然，当时的中国革命不可能像资本主义国家那样，有一个本身强大的无产阶级作为革命的主力，从而依靠无产阶级本身的力量就足以在中心城市举行武装起义并取得胜利，再联合农民的革命力量，把革命推向全国。在当时的中国，如果单纯依靠无产阶级自身的力量是无法占领中心城市的，即便一度占领了也无法长期巩固，最终会被敌人反扑抢占回来。

第三，中国反帝反封建的民主革命，实质上是无产阶级领导下的农民革命，武装斗争实质上就是共产党领导的以农民为主体的人民战争。农民是工人阶级可靠的同盟军和民主革命的主力军，废除封建土地剥削制度，是广大农民的迫切要求，也是民主革命的基本内容。因此，中国共产党要领导革命取得胜利，就必须深入农村，发动武装农民，建立农村革命政权，开展土地革命，确立起革命力量的深厚社会基础，最后夺取全国胜利。

第四，中国革命的敌人异常强大，并且长期占据着中心城市。自1927年大革命失败后，敌我力量的对比和分布发生了巨大变化，敌强我弱形势更加明显。国民党新军阀在全国建立了反动政权，控制了中国政治、经济、文化的枢纽和命脉，控制着中心城市和交通要道，并且建立了一支十分强大的反动军队。所以，弱小的革命力量要在城市同占有绝对优势的敌人进行武装决战是非常困难的。相反，在广大农村，特别是远离城市的偏僻山区则是敌人统治力量薄弱的环节，这就为革命力量的生存和发展提供了可能。因此，中国革命只有在农村积蓄力量发展壮大，走农村包围城市、武装夺取政权的道路，才能最终夺取全国的胜利，这是唯一正确的选择。

王明的"左"倾教条主义。1931 年 9 月 18 日，日本铁道"守备队"炸毁沈阳柳条湖附近的南满铁路路轨，并嫁祸于中国军队，日军以此为借口发兵东北，这就是震惊中外的九一八事变。党的六届四中全会后，以王明为代表的"左"倾教条主义已在中共中央取得统治地位。王明根本看不清"九一八事变"以后的中国的局势，把日本侵占我国东北看作是反苏战争的一个导火线，错误地提出武装保卫苏联的口号。王明还看不到中国社会日益高涨的抗日要求，看不到中间派的积极变化和国民党内部的分化，错误地把中间派视为敌人，主张消灭他们。王明等人一味强调所谓的进攻路线，在他起草的一个文件中宣称"目前中国政治形势的中心的中心，是反革命与革命的决死斗争"，把反对这种斗争的主张一概视为保守、退却甚至是右倾机会主义路线。王明利用组织手段把他们那一套强行推行到红军和革命根据地去。这样，就使革命根据地内的状况大大复杂化了，也使毛泽东的处境越来越艰难了。1931 年 11 月初，中央代表团在瑞金主持召开了赣南会议，会上毛泽东坚持认为，中央革命根据地从实践中形成的一整套路线和方针是正确的，是符合根据地实际情况的。但会议在"国际路线"的旗号下，对毛泽东以及中央苏区从各方面加以批评：在思想上，把毛泽东坚持的从实际出发、反对本本主义指责为"狭隘经验论"，还说"红军中狭义的经验论，在实际工作中产生了不小影响，根本否认马克思列宁主义的理论，单凭自己的狭小经验和短小眼光来分析各种问题，这完全是农民的落后思想，事实上会要走到错乱的非阶级路线的前途上"；在土地问题上，他们接受共产国际和中央提出的地主不分田、富农分坏田的过"左"主张，批评毛泽东把土地分配给一切人的主张是富农路线；在根据地问题上，把"傍着发展"的正确方针当作右倾保守来反对，要求毛泽东在最短时间内把湘赣等苏区贯通，以扩大巩固苏维埃根据地；在军事方面，他们指责党对军队的绝对领导属于党包办一切，是国民党以党治国的余毒，其结果会使红军的军事、政治机关失去独立性，变成不健全的残废机关。王明打着"反立三路线""拥护共产国际路线"的旗号蒙蔽了一些同志，使他提出的"左"倾口号和政策在党内得以贯彻执行。赣南会议实际上解除了毛泽东在苏区红军中的领导权。

右倾是指思想落后于实践，拘泥保守，不能随变化了的客观实际把革命推向前进，有时甚至违背客观发展规律停步不前，企图开倒车。右倾思想具体表现为以下几个方面：只顾眼前的局部利益，不顾全局的长远利益；过高地估计敌人力量，过低贬低我方的革命力量，主张搞阶级合作；看不到革命形势的有利因素，散布悲观情绪，不敢斗争，屈从反动敌对势力；压制群众斗争，放弃原则，严重的时候会出卖革命，投降敌人。毛泽东后来在《实践论》中对右倾思想作了这样的总结："然而思想落后于实际的事是常有的，这是因为人的认识受了许多社会条件的限制的缘故。我们反对革命队伍中的顽固派，他们的思想不能随变化了的客观情况而前进，在历史上表现为右倾机会主义。这些人看不出矛盾的斗争已将客观过程推向前进了，而他们的认识仍然停止在旧阶段。一切顽固党的思想都有这样的特征。他们的思想离开了社会的实践，他们不能站在社会车轮的前头充任向导的工作，他们只知跟在车子后面怨恨车子走得太快了，企图把它向后拉，开倒车。"

陈独秀的右倾思想。1926 年 12 月 13 日至 18 日，中共中央在汉口举行特别会议。会议让陈独秀的右倾思想成为了党的统治思想。会议对当时的形势作了错误的分析：当前"各种危险倾向中最重要的严重的倾向是一方面民众运动勃起之日渐向'左'，一方面军事政权对于民众运动之勃起而恐怖而日渐向右。这种'左'右倾倘继续发展下去而距离日远，会至破裂联合战线，而危及整个的国民革命运动。"根据这个分析，会议规定当时党的主要策略是：限制工农运动发展，反对"耕地农有"，以换取蒋介石由右向左；同时扶持汪精卫取得国民党中央、国民政府和民众运动的领导地位，用以制约蒋介石的军事势力。事实上，蒋介石的军事势力和他的日益向右并不是这种策略所能限制得了的。推行的实际结果，只是单方面地限制工农运动的发展，牺牲工农群众的利益。在会上，陈独秀还说湖南工农运动"过火""幼稚""动摇北伐军心""妨碍统一战线"等。会上不少人不同意陈独秀的意见。陈独秀本来是毛泽东非常敬重的人物，但是以这次会议为标志，毛泽东对陈独秀右倾政策的怀疑越来越深了。毛泽东后来在《实践论》中对陈独秀右倾机会主义的特征作了深刻的总结：机会主义"是以主观和客观相分裂，以认识和实践相脱离为特征的。"

当面对着复杂的问题需要作出决断时，毛泽东历来主张实事求是。带着农民运动是否"过火""幼稚"的问题，他决心实地考察一下，看看农村的实际情况究竟是怎么一回事。于是从 1927 年 1

月 4 日起，毛泽东用 32 天行程 700 多公里对农民运动进行了一番实地考察。经过实地考察，毛泽东发现农民运动根本没有"过火""幼稚"的问题，相反，他看到了一个新的天地，对农民运动的实际考察提高了毛泽东对中国革命的认识。由于看不清中国社会各阶级的状况，所以陈独秀在统一战线中主动放弃了无产阶级的领导权，放弃了无产阶级可靠的农民同盟军，放弃对武装力量的领导权，使党和革命遭到巨大损失。

在这样的背景下，毛泽东用马克思主义的认识论观点去揭露教条主义者和经验主义者——特别是教条主义者的主观主义错误。可以说，毛泽东的《实践论》帮助中国共产党在思想上铲除了教条主义和经验主义的毒瘤，批判了当时在党内盛行的"左"倾盲动主义、"左"倾冒险主义、"左"倾教条主义和右倾机会主义。

第二节　毛泽东的哲学准备

《实践论》是毛泽东将马克思主义哲学中国化的典型作品，是中国化的马克思主义哲学的代表之作。马克思主义理论博大精深，不仅包括哲学方面，还涉及到经济学、政治学、社会学等方面。毛泽东首先将马克思主义理论中的哲学部分中国化是有原因的，从主观原因看，是因为毛泽东对哲学的理解是深刻的，尤其是马克思主义哲学。从客观原因看，是由于红军长征到达陕西后，要对党的历史经验进行深入的理论思考，而只有从哲学上对中国革命经验进行概括总结才是最深刻的。《实践论》就是在这样的情况下诞生的。

（一）早年的哲学积累

1918 年 8 月 15 日，毛泽东和他的同学们坐火车离开了长沙，奔赴向往已久的首都北京。日后，毛泽东在这里逐渐成为一名马克思主义者，一名无产阶级的战士。北京当时已经成为新文化运动的中心，尤其是北京大学人才荟萃，又是新文化的发源地，各种自由的思想、各种学术在这里争奇斗艳。这种氛围是毛泽东在湖南所不曾接触到的，他在这里接触到很多过去从未接触过的人物，遇到过去只能从报刊上才知道的大人物，从这里毛泽东开始逐渐接触哲学著作，关注哲学著作。

毛泽东接触哲学经典著作。经过杨昌济的介绍，毛泽东认识了当时担任北京大学图书馆主任的李大钊。在李大钊的安排下毛泽东当了一名图书馆助理员。这份工作收入虽然极其微薄，但足以解决毛泽东的生活问题。这是毛泽东第一次接触到李大钊，李大钊的言行对毛泽东的影响很大，这对毛泽东日后信奉马克思主义有很大作用。在北大图书馆的日子里，毛泽东除了每天打扫卫生干一些杂七杂八的零工外，就是阅读各种新出的书刊和经典的书籍。毛泽东到了北京后还积极参与了一些学术团体，比如 1919 年 1 月成立的一个哲学研究会，研究会由杨昌济、胡适、陈公博、梁漱溟等人发起成立，它的宗旨就是研究东西诸家哲学，改变人们的认识，得到新的知识。在哲学研究会，毛泽东初步了解了东方哲学，后来在整部《毛泽东选集》中他参考了很多中国哲学的古籍，如《论语》《孟子》《老子》《孙子》《列子》《新序》《吕氏春秋》《论衡》等，这和毛泽东在北京的学习密不可分。毛泽东借助图书馆的工作和参加学术团体的机会，亲眼见到了新文化运动那些著名人物的活动，也结交了一些名人学者，如陈独秀。他在湖南的时候就经常读他们的文章，所以他自然不放过当面请教的机会。毛泽东当时是很尊重很崇拜陈独秀的，认为"他是五四运动时期的总司令，整个运动实际上是他领导的"。毛泽东后来回忆，在第一次到北京期间认识了陈独秀，并受到很大影响。在北京的学习期间，毛泽东也阅读了一些的西方哲学著作，从古希腊到近代的德国古典哲学均有涉猎。

毛泽东开始关注马克思主义理论。1918 年的中国，马克思主义、社会主义作为一种新学说开始受到社会的广泛关注。而马克思主义、社会主义学说在中国的传播，李大钊功不可没，他是在古老中国热情讴歌俄国十月革命的第一人。1918 年 11 月，毛泽东到天安门广场亲耳听了李大钊著名的演说《庶民的胜利》。后来这篇演说和他的另一篇文章《布尔什维克主义的胜利》刊登在《新青年》杂志上面。在这样的大背景下，毛泽东开始把关注哲学的目光转移到关注十月革命和马克思主义。这为毛泽东后来在延安创作《实践论》打下了基础。

（二）对马克思主义哲学的求索

毛泽东之所以能够创作出许许多多优秀的作品，他的著作和思想能得到海内外广泛认可，不仅因为毛泽东本人极具智慧，最重要的是因为毛泽东"站在了巨人的肩上"。毛泽东的思想和著作并不是凭空创作的，而是批判地吸收和借鉴了前人的思想精华。毛泽东在创作《实践论》时，就吸收了希腊哲学、康德哲学、黑格尔哲学、卢梭的社会学说、马克思和恩格斯的思想、列宁主义思想等。所以，《实践论》的问世并不是偶然，而是历史的必然。

如饥似渴地研读马克思主义哲学。西安事变发生后，张学良调原驻延安的东北军增援东线，毛泽东和中共中央领导机关从保安迁到延安。这样一来，延安正式由红军接管，陕北的局势稳定了下来。毛泽东到延安后又挤出不少的时间，他不分昼夜以小学生的态度，认真阅读他所能收集到的各种哲学书籍，尤其是马克思主义的哲学书籍。美国记者埃德加·斯诺到保安去访问他后，记述说："毛泽东是个认真研究哲学的人。我有一阵子每天晚上都去见他，向他采访共产党的党史，有一次一个客人带了几本哲学新书来给他，于是毛泽东就要求我改期再谈。他花了三四夜的功夫专心读了这几本书，在这期间，他似乎是什么都不管了。他读书的范围不仅限于马克思主义的哲学家，而且也读过一些古希腊哲学家斯宾诺莎、康德、歌德、黑格尔、卢梭等人的著作。"现在保存下来的毛泽东在这个时期读过并作过批注的哲学书籍就有：西洛可夫、爱森堡等著的《辩证法唯物论教程》，米丁主编的《辩证唯物论与历史唯物论》等。毛泽东一遍又一遍地反复批读，圈圈点点，勾勾划划，既做提要又写批语。他在《辩证法唯物论教程》上所写的批注就有一万二千字，在《辩证唯物论与历史唯物论》上的批注有二千六百多字。批注的内容众多，涉及原著内容的提要、对原著内容的评论、结合中国实际情况所发的议论、对原著中一些理论观点的发挥等。我国著名的军事家、革命家郭化若回忆道："有一次我在毛主席办公室内，看到桌面上放着一本《辩证法唯物论教程》。我翻开一看，开头和其他空白处都有墨笔小字的旁批，内容全是中国革命中路线斗争的经验教训。这使我初步理解到毛主席是用马列主义的立场、观点、方法来分析中国革命的实际问题，并把中国革命的实际经验提高到理论水平上来，充实和发展马列主义。"他这些旁批，后来就逐步发展成为他的光辉著作《实践论》。

《实践论》是毛泽东对马克思主义哲学研读的成果。1937 年 7 月和 8 月，毛泽东应抗日军政大学的请求，向学员讲授唯物论和辩证法。总政治部把他讲课的记录稿整理出来，经他同意，打印了若干份。建国以后，毛泽东把其中的两节，经过整理，成为收入《毛泽东选集》中的《实践论》和《矛盾论》。《实践论》以认识与实践的正确关系为核心，全面而系统地阐述和发挥了马克思主义的认识论的基本原则。毛泽东在《辩证法唯物论教程》的批注中，联系中国革命的实际，写道："不从具体的现实出发，而从空虚的理论命题出发，李立三主义和后来的军事冒险主义与军事保守主义都犯过此错误，不但不是辩证法，而且不是唯物论。"毛泽东从物质第一性、意识第二性这一唯物主义的根本原理出发，强调了认识对实践的依赖关系。他指出："只有人们的社会实践，才是人们对于外界认识的真理性的标准。"社会实践是推动人们的认识由低级向高级、由浅入深、由片面到更多方面的动力，也是认识真理性的标准和认识的目的。所以，"实践的观点是辩证唯物论的认识论之第一的和基本的观点"。但是，人的认识究竟怎样从实践发生，而又服务于实践呢？毛泽东在《实践论》指出，人的认识过程有感性认识和理性认识两个阶段。"人在实践过程中，开始只是看到过程中各个事物的现象方面，看到各个事物的片面，看到各个事物之间的外部联系。"这是认识的感性阶段。"社会实践的继续，使人们在实践中引起感觉和印象的东西反复了多次，于是在人们的脑子里生起了一个认识过程中的突变（即飞跃），产生了概念。概念这种东西已经不是事物的现象，不是事物的各个片面，不是它们的外部联系，而是抓着了事物的本质，事物的全体，事物的内部联系了。概念同感觉，不但是数量上的差别，而且有了性质上的差别。循此继进，使用判断和推理的方法，就可产生出合乎论理的结论来。"这是认识的理性阶段。感性认识阶段只解决现象问题，只有理性认识阶段才解决本质问题。"理性认识依赖于感性认识，感性认识有待于发展到理性认识。""认识开始于经验——这就是认识论的唯物论。""认识的感性阶段有待于发展到理性阶段——这就是认识论的辩证法"。

第三节 湖湘学风的传承

中国传统文化源远流长，这不仅是因为中国有五千多年悠久的历史，还因为中华大地上汇聚了众多优秀的民族，各种文化交织交融，最终形成了百花齐放、百家争鸣的中国传统文化。湖湘文化是中国传统文化的重要组成部分，是中国传统文化最具特色的一支。在湖湘文化的熏陶下，湖湘地区涌现出一大批伟大的哲学家、思想家、革命家。毛泽东就是在湖湘文化巨大的影响下成长的，这种巨大的影响在毛泽东的《实践论》中显得尤为明显。

（一）湖湘文化的巨大魅力

湖湘文化历来不尚空谈，提倡明体适用，强调经世致用，以讲求实用闻名于世，这种思想是湖湘文化和湖湘学风的精髓。所谓明体适用中的"体"是指事物的本来面目，性质或者本质，在这里泛指学问和学识。湖湘学风强调的明体适用是要告诉湖湘子弟要活学活用，不要把所学的学问束之高阁，也不要在书斋里死读书。这种求真务实的学风对毛泽东影响可以在毛泽东的很多著作中窥见一斑。对于马克思主义理论，毛泽东也一直强调马克思主义必须中国化。20世纪30年代，毛泽东在《实践论》中提出了"没有调查就没有发言权""中国革命斗争的胜利要靠中国同志了解中国情况"的著名论断；40年代，他大力倡导理论联系实际的马克思主义学风，后来又在全党确立了"实事求是"的思想路线。可以说，正是因为这种强调体用合一、经世致用的思想，让毛泽东成功地将西洋的马克思主义本土化，使马克思主义在中国大放光彩，最终指导中国革命走向了胜利。

湖湘文化起源于中原文化。因为湖湘文化起源于中原文化，所以湖湘文化的一般特征，既有当地湖湘地区的独特风格，也有中原文化的痕迹。要了解湖湘文化的一般特征，就不能不首先了解湖湘文化的形成过程。湖湘文化的"湖"是指洞庭湖，"湘"指湘江，人们后来习惯上把湖湘代指湖南。湖湘文化是指，自古以来生息在湖南地域的各族人民在长期的历史活动中形成的一种文化，包括当地人们的思想、观念、科学、信仰、民风、民俗等。那么，湖湘文化是怎样形成的呢？湖湘文化最早起源于炎黄文化，战国末期的著名诗人屈原就曾经流放到湖湘地区，留下不少千古绝唱，其中著名的有《离骚》《九歌》《湘夫人》等。公元220年以前，中国的政治、经济、文化中心均在北方。东晋以后，中国北方地区战乱频繁，先后出现了几次大的战乱，如两晋的永嘉之乱、唐代的安史之乱、宋代的靖康之乱，致使中原地区战火不绝，于是一些优秀的中原人士为了躲避战乱纷纷南下定居南方。中国的经济重心开始逐渐南移，于是文化中心也随之南移。到两宋时期，南方的经济、文化已经十分发达，甚至超过了北方。

书院的建立对湖湘文化的影响。中原文化的南下对湖南的影响十分巨大，尤其是靖康之乱以后的南宋，南下的文人都在南方从事文化教育活动，江西、浙江、湖南等省成为文化最发达的地方，产生了许多著名的学派、建立了许多著名的书院。湖南大批书院的建立是湖湘文化形成的重要因素，这是因为南宋以后的儒学不是通过官办学校传播的，而是通过书院传播的。少年时代的毛泽东深受学堂教育的影响，对中国传统文化深信不疑，少年时代便能熟读《易经》《道德经》《诗经》《论语》等中国传统文化的经典之作。

儒学地域化，湖湘文化开始形成。两宋时期中国出现了一个重要的文化现象，儒学演变为一个个具有地方特色、历史传承的地域学派，这便是"儒学地域化"。与汉代讲求的大一统儒学不同，两宋时期一批立志于重振儒家信仰、重建儒家知识体系的新儒家学者集聚于各个地域的不同书院中，潜心著述、授徒讲学。于是，一个个具有各自学术传统、思想特色的地域学派就产生了。如北宋周敦颐的濂学、张载的关学、二程兄弟的洛学。又如南宋朱熹的闽学、胡氏父子和张栻的湘学等等。湖湘文化就在这个时期开始形成的。

湖湘学风与湖湘学派的形成。湖湘文化和湖湘学派的核心是湘学，历史上的湖湘学派起源于北宋末年，形成于南宋时期，创始人是胡安国、胡宏和张轼。湖湘学派属于理学中的一个非常重要学派。理学，又称义理之学或道学，属于宋朝以后的新儒学，理学是一个以讨论天道、性命问题为中心的理论学说。理学也是由湖南人开创的。理学的创始人周敦颐是湖南道县人，他的《太极图说》与《通书》奠定了宋明理学的基本规模。不过周敦颐的主要活动不在湖南而在江西，所以他对于湖南的影响不大。真正将理学传播到湖南的是湖湘学派的创始人胡安国和胡宏父子俩。胡安国本是福建人，南宋初期举家迁移到湖北，后又到湖南隐居著书立说。所著《春秋传》和《二程文集》是湖湘学派重要的理论基石。后来，胡安国的儿子胡宏继承和发展了其父的理学思想，他以躬行实践为教，提倡"以古人实学自律"富有求实的精神，还说"学圣人之道，得其体，比得其用。有体而无用，与异端何辨？"强调修养功夫必须落到实处。胡宏在湖南讲学二十余年，著有《知言》与《五峰集》等。后人称胡宏是"卒开湖湘之学统"的人物。胡宏的弟子有张轼、韩璜、吴翌、彪居正、孙蒙正、赵孟、赵棠等人，其中以张轼最为出名。张轼是四川人，天资聪颖，年幼时随父亲到湖南长沙定居，后拜在胡宏的门下学习。张轼在理学的各种领域都下了功夫，并有自己的独到见解。清代黄宗羲说他所学"得之五峰，论其所造大要，比五峰更纯粹"，可以说张轼是一位发扬和光大师门的人物。张轼主要以岳麓书院为学术据点，他的门人弟子多数都成为了当地赫赫有名的名人。公元1167年，张轼接待了从福建前来访问的理学大师朱熹，朱熹、张轼二人在岳麓书院会讲两个月，就理学中的一系列问题切磋问难。通过这次会讲使得湖湘学派的思想得到了补充和完善，为湖湘学风的繁荣和发展起到了关键的作用。经过多年的发展和完善，此时的湖湘学风有一大特点：就是强调践履和经世。这种强调践履和经世的思想，从湖湘文化的始创之时，就一直贯穿于湖湘文化的历史的长河之中。岳麓书院大厅高挂着的忠孝节廉匾上高踞的是一块"实事求是"的大匾。"实事求是"才是湖湘文化最基本的思想路线，后世的王船山、毛泽东都曾经就学与这里。张栻死后一直到明朝，湖湘学风一直延续着张栻的思想。明末清初，大思想家王船山对湖湘学风进行了改造和发展，使湖湘学风变得更加深刻更具特色。可以说，没有王船山就没有近代的湖湘文化，湖南就不可能会涌现出那么多有影响力的政治家、思想家、军事家和革命家。想要深刻理解毛泽东的哲学思想和《实践论》，首先必须了解船山文化。

船山文化与湖湘学风。王夫之，是湖南衡阳人，曾经就学于岳麓书院，在反抗满族的民族战争失败后，长期隐居荒山野岭，著书立说，形成了自己的思想体系和特色，"创立了一个以唯物主义为理论基石，以辩论分析为思想方法，以民主启蒙为重要特征，以民族至上为核心内容的空前博大精深的思想体系"。他是中国朴素唯物主义思想的集大成者，与黄宗羲、顾炎武并称为明末清初三大杰出思想家。由于王夫之常年隐居湖南衡山下的石船山著书立说，所以后人称王夫之为"船山先生""王船山"。王船山一生著述宏富，在做学问上能独树一帜独具特色，极其富有批判的精神。他崇尚实学，主张"理依于气"，强调"行"是认识一切事物的目的，学习的目的在于"行"，提倡经世致用。王船山还提出

"尽废古今虚妙之说而返之实"。王船山是湖湘文化、湖湘学风最重要的继承人，对近代以来的湖南文化乃至中国文化影响十分巨大。魏源、曾国藩、左宗棠、胡林翼、罗泽南、曾国荃等人都曾经在岳麓书院求过学，并深受王船山思想的影响，先后成为船山文化的代表人。魏源主张"以事实程实功，以实功程事实"，并认为一切学问应该以经世致用为宗旨，著名的新思想"师夷长技以制夷"就是在船山文化的影响下提出的。曾国藩力求传刻王船山的《船山遗书》，糅合理学与实学，贯通内圣和外王。除此之外，近代发起戊戌变法的谭嗣同、梁启超、唐才常以及旧民主主义革命时期的章太炎、章士钊等人都对王船山和他的思想敬仰备至。像浏阳出身的谭嗣同，青少年时就深受船山思想的熏陶，他自称"私塾船山"，并立下宏愿要为天地立心，为生民立命，以续衡阳王子之绪脉。王船山的思想成为启迪青年走向进步、走向革命的强大思想动力，成为一股汹涌澎湃的时代思潮。在这两次对中国极具影响的政治变革运动中，湖南人表现最为活跃和突出，正如毛泽东所指出的"中国维新，湖南最早。丁酉戊戌之秋，湖南人生气勃发，新学术之研究，新教育之建设，谭嗣同熊希龄辈领袖其间，全国无出湖南之石。"清末以后，杨昌济、毛泽东等人成为船山文化的代表人。

（二）湖湘学风对于毛泽东的影响

心理学告诉我们，人的性格形成于青少年时期。虽然人的性格会随着环境的变化而变化，但是，除非有较大的刺激，一个人的性格一旦形成就不再改变。毛泽东的一生尽管南征北战，革命的足迹遍布全国各地，但是，毛泽东的少年和青年时期完全是在湖南度过的。毛泽东生于 1893 年 12 月 26 日，直到 1918 年 8 月 15 日他从未离开过湖南。作为湖南人，毛泽东自然深受湖湘学风的影响，毛泽东的思想、风格和个性都深深地打上了湖湘文化的烙印。所以，毛泽东有一个地地道道的湖南人的思想和性格：他从不循规蹈矩，富有挑战性，极其重视实践的作用。

毛泽东是近代湖湘文化、船山文化的继承人。1914 年，毛泽东求学于湖南第一师范，第一师范对毛泽东的成长无疑产生了十分巨大的影响，他在这里打下了深厚的学问基础。在第一师范，对毛泽东影响最大的老师是深受船山文化影响的杨昌济。正如美国作家索尔兹伯里所说"长沙第一师范是毛哲学思想成熟的温床。他在这所学校度过了五年半的光阴，对毛影响最大的一个人就是伦理学教授杨昌济。"杨昌济，毕业于岳麓书院，学识渊博，学贯中西，博古通今，还先后游学日本、西欧达 10 年，提倡"学者务积功于实事实物"。他一生研读最多、最深的是王船山、曾国藩、谭嗣同等的著作，尤其是船山著作。从杨昌济的《达化斋日记》中反映出他对船山著作的浓厚兴趣与勤奋研习，做日记、摘语录、批标题、作分析、写体会、有发挥。他对《船山遗书》研究的最深，内容则涉及船山的知行观、理欲观、善恶观、义利观、动静观、历史观、文艺观、教育观、民族主义、人道主义、经世致用等。杨昌济是当时湖湘学派最重要的承继者、发挥者和宣传者。杨昌济到一师后，在他的倡导下，研究船山文化在一师成为一种风气，毛泽东尤其用功。由于杨昌济的很多思想直接来自王船山，因而，青年毛泽东也自然受船山等人的湖湘文化思想的影响。杨昌济传授给毛泽东等学生的重要内容就是王船山的理论学说。他出的考试内容多数涉及王船山思想，如"王船山重个人之独立，能举其说否""王船山论项羽、李存勖，能言之与?"。此外，杨昌济还鼓励毛泽东到船山学社听讲船山之学。1920年秋至1921年冬，毛泽东曾在船山学社居住和工作过一年多时间，还亲往船山的家乡访问过，深受杨昌济的喜欢。青年人顶礼膜拜的对象往往是自己行动的楷模，进取的动力和发展的方向。在毛泽东的心中对曾国藩尤为认同和崇拜，认为曾国藩是一个很能办事的人物，他曾在信中提到曾国藩、康有为、孙中山、袁世凯几个人物，说这些人当中唯独心服曾国藩。他还说"曾、左吾之先民，黄、蔡邦之模范。"可见，毛泽东青年时代对曾国藩、左宗棠，戊戌维新的风云人物谭嗣同、熊希龄，辛亥革命的元勋黄兴、蔡锷等，都给予了高度肯定，并引为湖南之骄傲，而这些叱咤风云的人物都是湖湘文化的典型代表。重视经世致用的湖湘学风和船山文化表现在思想方法上，就是实事求是。经杨昌济介绍，毛泽东曾经求学于岳麓书院，他几进几出岳麓书院，对挂在讲堂正门的"实事求是"的大匾留下了深刻的印象。二十多年后，毛泽东对"实事求是"做出了新的释义，并把"实事求是"四个字写下来镶嵌在延安中央党校的大门口。由此可见，船山文化、湖湘学风对毛泽东的影响颇深。

湖湘文化与毛泽东思想。毛泽东沿着注重实际的路子吸吮着中国传统思想和湖湘文化中的优秀遗产，他曾在《讲堂路》里记下不少关于知行关系的笔记，如"实意做事，真心求学""不谈过高之理，心知不能行，谈之不过动听，不如默而为愈""古者为学，重在行事""闭门求学，其学无用，欲从天下国家万事万物而学之""拿得定，见得透，事无不成"，此时毛泽东已经对知和行之间的关系有了比较深刻的认识了。毛泽东在笔记中还提到了顾炎武的关于实地考察调查问题的思想。长久下来，耳濡目染，手写心记，强化了毛泽东对社会实际的重要性的认识，他曾说要"踏着人生社会的实际说话"且"引入实际去研究实事和真理"。他经常和周围人讲不仅要读"有字之书"，还要读实际社会这本"无字之书"。后来，毛泽东经常外出游学考察实情，渐渐的，他养成了在实践中调查问题、访问民情的习惯。1930年他在《反对本本主义》一文中提出了一个著名论断"没有调查就没有发言权"，还提出"马克思主义的'本本'是要学的，但是必须同我国的实际情况相结合"。毛泽东很多时候都会用船山学说来阐释马克思主义哲学，1937年他在抗大讲授马克思主义哲学，在讲到认识论中的知行关系时，就参考了《船山遗书》中的知行关系观点。在之后的7-8月，他又写了《实践论》《矛盾论》，为实事求是思想作了哲学的论证。1938年，他在中共六届六中全会上再次强调了"实事求是"的思想。1941年，他在《改造我们的学习》一文中明确提出了"实事求是"的范畴并对其作了具体的规定和阐释："'实事'就是客观存在的一切事物，'是'就是客观事物的内部联系，即规律性，'求'就是我们去研究。我们要从国内外，省内外，县内外的一切实际情况出发，从其中引出固有的而不是臆造的规律，即找出周围事物的内部联系，作为我们行动的向导。"此后，他多次还提到过"实事求是"。一切从实际出发，实事求是，是贯穿毛泽东一生的根本观点与根本方法，是毛泽东思想的精髓。

毛泽东生在湖南，长在湖南，求学在湖南，久得湖湘文化的滋润，湖湘文化对他有着深刻的影响，在他的思想上已烙上深深的印痕。这一点，我们可以从毛泽东生前的著作中明显地感觉到。毛泽东思想的活的灵魂所带有的湖湘文化特征，也是中国传统优秀文化所表现出来的特征。湖湘文化与华夏文化一脉相承，但由于历史的、地理的原因，它又有很多突出的特征。所以，毛泽东在将马克思主义中国化的过程中，必然将马克思主义首先同湖湘文化相结合，这使湖湘文化对毛泽东思想，尤其是"实事求是"思想有着十分巨大的影响。毛泽东思想具有双重的文化性格，他既具有马克思主义性质，又具有中国传统文化的性质。除毛泽东外，在新民主主义革命时期，湖南更是人才济济，独领风骚，人民解放军元帅、大将、上将中湖南人占有相当的比例，同时湖南还涌现了一大批党和国家的领导人、无产阶级革命家，成为一道灿烂的历史文化奇观。这些都与以王船山为代表的湖湘文化的影响密切相关。

第二章 精读《实践论》中的实践理论

《实践论》系统地阐述了社会实践在认识过程中的地位和作用。列宁曾指出："马克思在 1845 年，恩格斯在 1888 年和 1892 年，都把实践标准作为唯物主义认识论的基础。"毛泽东的《实践论》全面考察了实践在认识过程中的地位和作用，在一定意义上讲，实践的观点是毛泽东在《实践论》中的主要观点。学习毛泽东《实践论》中的实践理论对于我们有着重要的意义。

第一节 全面理解实践的含义

马克思主义哲学中所讲的实践，不是我们常识上所理解的实践。如果我们以日常生活中之实践去理解马克思主义哲学上的实践概念，那将产生谬误。因此，我们学习实践理论，首先必须了解什么是实践，实践的含义、基本特征、实践的形式、实践的环节。科学地掌握实践的这些内容，以区别人们常识上的"实践"。

（一） 实践的三种特征

实践是人类能动地改造世界的客观物质性活动。实践是"改造"的活动，是"变革客观事物的活动"，而不是"认识活动"。人的认识活动是主体对客体的能动的反映，并不引起客观对象的变化。所以，认识活动是主观领域的活动。而实践是主观见之于客观的活动，他将引起客观事物的变化，所以是物质性活动。实践的对象是"客观世界"，而不是"整个世界"，也不是"主观世界"。为此，人们改造自然界或人类社会的活动才是实践活动。实践的含义和基本特征有三：

第一，实践是物质性的活动，具有直接现实性。构成实践活动的诸要素，即实践的主体、实践的对象和实践的手段，都是可感知的客观实在，实践活动本身及其结果也是外在于人们的意识而客观存在的；实践的水平、广度、深度和发展过程，都受着客观条件的制约和客观规律的支配。所以，实践是区别于人的意识活动的客观物质活动。

第二，实践是人类有意识的活动，体现了自觉的能动性。实践活动同动物的本能活动有本质上的不同。人有理性思维，所从事的是实践活动，不同于动物的本能活动。虽然动物的活动也是一种客观物质活动，也会在一定程度上改变客观世界的面貌，但是，动物不会思维，动物的物质活动是先天本能的活动。而实践是有目的、有意识的改造世界的活动，是客观物质性与主观能动性的统一。只有这种人的自觉的、能动的活动才算得上实践的意义。

第三，实践是社会的历史的活动，具有社会历史性。所谓实践的社会性，就是人们以社会的形式进行着社会实践；所谓实践的历史性，就是人类的社会实践贯穿于历史的发展始终。比如，中国航天事业的伟大成就，从本质上讲就是一种具有社会性与历史性的实践活动。因为历史上有无数不同时代的科学家的不懈努力，又有同一时代不同领域的人的共同协作，才有了今天中国航天事业的伟大成就，而中国航天事业将继续在全国人民的共同支持下，在科学家们的共同努力中继续向前发展。

为什么实践既具有客观性的特征又具有主观性的特征？通过实践的含义和基本特征，我们可以清晰的看到实践不仅具有客观性的特征，如第一条实践是物质性的活动具有直接现实性，同时也具有主观性的特征；如第二条实践是人类有意识的能动的活动，具有主观的能动性。那么，我们不禁要问，实践活动的本质到底是具有主观性的还是客观性的？人的实践活动的本质是有矛盾性，我们不能把实践活动的本质简单地归于主观性或者客观性。一方面，实践活动作为现实人的感性的活动一定具有物质性和客观的力量，否则实践活动是不可能改造客体以满足主体需要的，这充分说明主体的实践活动是具有现实性、物质性、客观性的。但是，另一方面，我们也应该看到，实践活动同时又无时无刻地体现着主观性特征，它带有明显的目的性、自主性的，否则实践活动是不可能成为人类所特有的能动性的活动。否认实践活动具有主观性特征，就是在否认人类具有创造性。人的这种创造性使人类与动物从根本上区别开来。因此，我们不难看到，实践具有的客观性和主观性是相互对立的，但这种相互的对立在实践这个概念的范围内又是相互统一的。坚持人的实践活动的本质具有对立统一性就是坚持辩证唯物主义，否认实践活动具有的主观性或客观性都将陷入形而上学，都将导致片面。

（二）实践的三种表现

社会实践具有三种基本形式：生产劳动实践、处理社会关系的实践、科学实验。毛泽东在《实践论》中论述了实践的形式问题，指出生产实践是人类社会实践的基本形式，此外还有阶级斗争、科学实验。文中指出"实际的情形是这样的，只有在社会实践过程中（物质生产过程中，阶级斗争过程中，科学实验过程中），人们达到了思想中所预想的结果时，人们的认识才被证实了。"生产劳动实践，也就是处理人和自然之间关系的活动，即物质生产活动。这是人类最基本的实践活动，是决定其他一切实践活动的根本前提。处理社会关系的实践，即人们的社会交往以及组织、管理和变革社会关系的活动，在阶级社会主要表现为阶级斗争的实践。科学实验，它是从生产实践中分化出来的，是专门为了认识世界而进行的探索性和准备性的活动。此外，艺术和教育活动也是与科学实验一样，属于以生产精神文化产品为直接目的精神文化创造实践。

毛泽东在《实践论》中把科学实验提到与物质生产实践、阶级斗争实践同样重要的地位，是对马克思主义哲学的一个创新，有重要意义。毛泽东所讲的科学实验的含义是什么？只是指自然科学实验，还是既括自然科学经验，又包括社会科学上的实验？当时人们的理解不一。1964 年 12 月，聂荣臻在向毛泽东汇报新的十年科学技术规划时问：科学实验的含义是什么？毛泽东说，我讲的科学实验，主要指自然科学实验。社会科学、哲学、政治经济学、军事科学不能搞实验。商品、价值法则不能搞科学实验。战争不能搞科学实验，军事演习不能搞实验。辩证法不能搞科学实验，理论法则是概括出来的。毛泽东也许感到社会科学不能搞实验说得过于绝对，欠妥，故又补充说：社会科学一部分在一定意义上也可以说搞科学实验。毛泽东的这一补充是必要的。在社会科学方面，有的不能搞科学实验，但有些应用科学是可以搞的。如教育学就离不开实验，这就有所谓的"实验小学""实验中学"。改造社会的某些政策，先要搞"试点"。"试点"也带有实验的性质。在今天，军事演习也可以搞实验室。毛泽东在听取聂荣臻等汇报时还表示：科学技术是生产力。这一仗，一定要打好，而且必须打好。过去我们打的是上层建筑的仗，是建立人民政府、人民军队。建立这些上层建筑干什么呢？就是要搞生产。搞上层建筑搞生产关系的目的就是为了解放生产力。现在生产关系是改变了，就要提高生产力。不搞科学技术，生产力无法提高。他把科学技术看作生产力。正是因为这样，毛泽东一向比较注意现代科学技术的发展。科学实验是在生产实践基础上发展出来。到了近代，科学实验成了一种独立的实践形式。随着生产力的发展，科学技术的突飞猛进，科学实验在认识世界和改造世界中的作用越来越重要。现代许多科学技术的发展，都是以科学实验为先导的。1973 年 7 月 17 日，毛泽东接见美籍华人物理学家杨振宁博士。杨振宁说："毛主席，您看得很远，看到社会的将来，您把科学实验与阶级斗争、生产斗争一起提，很重要。"毛泽东回答："没有科学实验行吗？"所以，如果没有现代化的科学实验，就没有现代化的科学，没有现代化的技术，也就不可能建设强大的现代化的社会主义国家。

我们知道社会实践具有三种基本形式：生产劳动实践、处理社会关系的实践、科学实验。但是除了这三种基本形式以外，有没有其他形式呢？在现实生活中，实践的具体表现并不是简单划一的，而是丰富的。除了以上三种基本形式，实践活动还有教育、艺术等形式。在十年动乱的文化大革命时期，"四人帮"扭曲和否定知识分子的性质和作用，认为科学、艺术、教育等活动都不属于实践活动，把知识分子的工作说成是"脱离实践"的，从而强迫知识分子放弃自己的工作，去工厂做工，去农村放牛、种地。错误地认为只有让知识分子做农活才属于生产劳动实践，才算是做到了理论与实践相结合。在"文化大革命"期间，当时最流行的说法是"知识越多越反动"，知识分子除了被冠以"资产阶级"的帽子之外，又多了几顶"桂冠"："臭老九""牛鬼蛇神""反动学术权威"等等。知识贬值，知识分子的地位低下到了极点。仅以中国科学院上海植物研究所为例，该所 360 名职工，被打成"特务"的竟然有 142 人之多。只要是从海外回来的知识分子，都被怀疑是敌国派遣回来的特务，要接受审查，有的甚至给当成罪犯，加以迫害。"四人帮"的做法使得大批知识分子放弃了自己的专业，我国的科学文化事业受到了严重的破坏，最终阻碍了生产力的发展。这种情况一直延续到 1976 年"四人帮"被粉碎，"文化大革命"结束。

（三）实践的三个环节

实践是以主体、中介和客体为基本骨架，通过目的、手段和结果的活动过程。马克思主义哲学认为，实践是人与世界对立统一的基础，是人与世界互相作用的中介。实践对人和世界的中介作用是通过实践的主体和客体之间的相互作用实现的。主体和客体的相互作用及其运动深刻地表明了，实践在人和世界相互关系中的基础地位和中介作用。完成一个实践任务，包含着诸多个环节，比如，买水杯的活动可分为三个环节：选择路线到商店，到商店寻找水杯柜台，结合质量、售价、款式等因素选购水杯。概括起来，人对物质世界的实践把握，包括三个基本环节：目的、手段和结果。

第一，目的是实践的第一个环节，也是实践的基本特征之一。目的不仅包含对客观事物的认识，同时也包含对人自己的认识。我们只有首先了解主体自身的需要，才能更加了解认识主体与客体之间的关系。

在实践的第一个环节，实践是如何统一主体与客体的呢？通常情况下，外部世界不能现成地完美地满足主体的需要，因此当主体认识客体时，就必然地对客体提出一种改造要求。在目的中，主体对客体的改造要求是在思维中进行的。主体根据自己的主观愿望用"观念"来消灭外部对象的"当前状态"，自己的内在尺度运用于客体，对客体的自在形式所进行的一种批判性、否定性的反映，最终主体实现了在"观念"中形成一个能够符合自己目的的"理想状态"。此时我们发现，在"观念"中主体与客体的关系不再是从前，而是有了一种新的关系。主体与客体的对立关系发生了改变，主体与客体间的矛盾在"观念"中缓和了。主体对客体进行的这种"观念改造"，对于"现实改造"而言就是一种"超前的改造"。没有主体对客体的"超前的改造"就不会形成目的，就没有人的能动性的实践活动。除此之外，通过"超前改造"那些现实中并不存在的事物能够以"观念"的形式预先的存在。只要实践的目的正确合理并符合客观规律，那么这种预先的存在便具有了客观性和现实性。在这个意义上，我们完全可以说意识能够创造世界。

第二，手段是实践活动的第二个环节。目的本质上具有一种主观性，目的想要在外部世界实现本身，就需要通过客观的手段。不论目的如何体现了主体尺度与客体尺度的结合，它本身还是观念形态的东西。目的本身包含的主观与客观的矛盾不可能在主观范围内得到现实的解决，因此，为了使主体的理想意图在外部世界中得到实现，就需要借助于各种手段把实践方案付诸实施。可以说，实践的过程也就是实践主体依据目的、方案通过一定手段作用于客体的过程。

在实践的第二个环节，实践是如何统一主体与客体的呢？马克思主义有关的基本原理告诉我们，手段作为实践的第二个环节体现了主观与客观相统一的关系。首先，虽然手段具有客观物质性，但是手段同时也强烈地体现着主体的目的性。选择何种手段完全依赖于主体的目的，不同的目的对应不同的手段，只有能够达成主体目的的手段才是正确的手段。因此，具有主观性的目的与具有客观性的手段相统一了。其次，手段的实施必须受制于目的。无论是何种手段都必须紧密围绕目的，并始终受到目的的制约。手段受到目的的制约主要是指受到主体逻辑的制约。任何手段必须符合一定的逻辑，缺乏逻辑的手段将不被目的所控制，更不能为目的所服务。因此，具有主观性的目的与具有客观性的手段必须服从同一个逻辑，即统一于逻辑。

第三，结果是实践活动的第三个环节。完成、检验和评价实践活动的结果，并根据实践结果修正实践目的和实践方案，从而对实践活动本身进行反馈调节。实践结果是人的目的在客观事物中的凝聚和体现，是实践过程中各种要素的融合。一般说来，可以从三个方面对实践结果进行评价：一是对实践效果的评价；二是对实践效能的评价；三是对实践效率的评价。通过对实践结果进行评价，人们获得了对于实践目的、实践过程的再认识，然后再以这种认识来检查、审视原有的实践目的、实践方案、实践操作方式等。进而调整、修正实践活动的运行，这就是实践系统的反馈调节机制。

实践结果在客观世界中产生的作用是无限的，而人们对这种作用的评估和认识却是有限的，二者构成矛盾。一方面，我们必须坦诚地说，不是所有的实践活动所产生的结果我们都能立刻做出客观的评价，人们的认识总是有限的。人们的认识总是要受到时间、空间的限制，有时会也要受到立场、利益和知识背景的限制，这种具体的历史的限制造成我们不可能对每一件实践活动的后果都有正确的科学的评价。另一方面，人们的实践活动所产生的影响和作用是无限的，这具体是指事物的发展变化具有的复杂性，任何实践活动的结果都存在"定数"与"变数"。虽然事物在变化发展过程中有一定的规律可循，都有"定数"，但同时也存在不可测的"变数"，有时一个微小的变化能影响其他事物的发展。因此，这就要求我们在处理这二者的矛盾时，必须考虑到全局和各种复杂的联系，从各种复杂的关系的总体上对时间结果的成败问题作出科学的评价，切不能因自己的好恶和利益作出不符合客观实际情况的结论。

总之实践是以主体、中介和客体为基本框架，通过目的、手段和结果的反馈调控而自我运动、自我发展的活动过程。实践的这三个环节构成了人的实践活动的运行机制，实现了人对物质世界的实践把握。

实践结果在客观世界中产生的作用是无限的，而人们对这种作用的评估和认识却是有限的，二者构成矛盾造成了人们有时无法正确评价一个事物。塑料袋，奥地利人舒施尼在106年前做出的这项在当时被视为"一次革命性的解放运动"的创举，已被评为20世纪"人类最糟糕的发明"。2002年著名世界媒体英国《卫报》公开评选"人类最糟糕的发明"，不幸的是塑料袋"荣获"这一称号。塑料袋是105年前奥地利科学家马克斯·舒施尼发明的。由于简单适用，很快风行。国家发改委资源节约和环境保护司副司长李静曾指出，我国超市、百货商店、菜场等商品零售场所每天使用大量的塑料购物袋，而生产这些塑料袋至少需要13000多吨石油。塑料袋的过度使用对能源、资源以及环境产生了不可忽视的负面影响。据中国塑协塑料再生利用专业委员会介绍，我国每天买菜要用掉10亿个塑料袋，其他各种塑料袋的用量每天在20亿个以上。目前我们国家每年随着生活垃圾进入填埋场的废塑料占填埋垃圾量的3%－5%，其中大部分是塑料袋。

近年来，国际油价从每桶30多美元暴涨到130多美元，直接推动了全球工农业生产成本和物价的上涨，其中包括食品和蔬菜。

塑料是从石油或煤炭中提取的化学石油产品，一旦生产出来，自然界的光、热、细菌和酶都难以将其分解。目前，处理白色垃圾只能靠挖土填埋或高温焚烧，这两种方法都不利于环保。据测试，塑料袋埋在地里需要 200 年以上才能腐烂并且严重污染土壤，比如会破坏土壤的通透性，使土壤板结，影响植物的生长；被遗弃的白色塑料袋往往会堵塞沟渠和排水系统；同时，高温焚烧会产生氯化物及重金属离子，严重污染大气和危害人体健康。人们把塑料给环境带来的灾难称为"白色污染"。联合国教科文组织说，如果把人们每年使用的塑料袋覆盖在地球表面，足以使地球穿上几件白色外衣。

在超市，塑料袋基本上是免费的。他们担心客源流失，塑料袋往往成为优质服务的一部分。2007 年，沃尔玛与联合国华在旗下超市推广全棉购物袋，效果甚微。国展店一位收银员说，她一个人平均每天要为顾客免费提供 700 ~ 800 个塑料袋。台湾地区在 2002 年 9 月就开始执行限用塑料袋政策，结果逾万名塑料业工人举行抗议。2006 年 6 月，日本对相关法律进行修订，允许政府对没能减少塑料袋，或在塑料袋再生利用和循环使用方面做得不够的零售商提出警告，但日本人非常注重商品包装，这项法律能否产生效果，值得怀疑。我国在 2008 年 6 月禁止各大超市提供塑料袋，其难度也相当大。

虽然在塑料袋发明的一百年间，人们都看到了塑料袋的便捷和实用而忽视了对它负面效果的关注。但是一百多年后，世界各国对塑料袋的认识已超过从前，反对这项"世纪发明"的热潮已经在世界范围内展开。在肯尼亚，政府已通过法律对购物塑料袋和塑料包装征收120%的税并且禁止使用厚度小于30微米的塑料袋。在美国，政府已经推广由可降解材料制造塑料袋。在新西兰，各大超市实行收费塑料袋政策，顾客可以选择买一个塑料袋或拿免费的纸箱。而不丹从1999年开始，有关方面花了3年的时间对是否应该禁止使用塑料袋的问题进行了持续的讨论。最后不丹的塑料袋使用量减少了50%。在爱尔兰，自2001年3月起对塑料购物袋征税，于是塑料袋使用量骤降了90%。同时，该税收还为爱尔兰的环保事业筹集了一笔可观的资金。在卢旺达，从2005年开始禁止使用和进口厚度在100微米以下的塑料袋。在卢旺达首都的基加利机场，旅客会被要求把塑料袋存放或丢弃在机场内，同时可选购植物纤维制作的袋子。在孟加拉国，其法律规定进口或销售塑料袋的人可被判最高10年刑，发放塑料袋者被判以6个月监禁。离我们比较近的韩国，商场已经不提供购物袋。如果客人没有自备袋子，需花少量韩币购买纸袋或塑料袋。而商店会原价收回这些袋子，顾客也可以拿旧袋子换新的。自从这个规定实施后，韩国的塑料袋使用率减少了60%。

第二节　实践对认识的决定作用

《实践论》的中心，是讲认识和实践之间的关系。认识和实践之间是依赖的关系，即人的认识依赖于社会实践。《实践论》在开篇时指出：**"马克思主义者认为人类的生产活动是最基本的实践活**

动，是决定其他一切活动的东西。人的认识，主要地依赖于物质的生产活动，逐渐地了解自然的现象、自然的性质、自然的规律性、人和自然的关系"。所以，社会实践是认识的基础，生产活动是认识发展的来源，社会实践对认识起决定作用。那么，认识究竟是怎样依赖于社会实践的呢？人类在从事一切活动之前，首先必须解决食物、衣服、住房等基本生活问题，没有吃、喝、穿、住人们根本无法生存，如果生存问题都得不到解决就更谈不上从事其他的实践活动。所以，人们的一切实践活动都是在生产活动的基础上产生并发展起来的，人的一切实践活动归根到底都是由生产活动决定的。实践对认识起决定作用表现在四个方面：实践是认识的来源、实践是认识的动力、实践是认识的归宿和目的、实践是检验认识是否正确的标准。

（一）实践是认识的来源

实践是认识的来源。毛泽东在《实践论》中指出："无论何人要认识什么事物，除了同那个事物接触，即生活于（实践于）那个事物的环境中，是没有法子解决的。……如果要直接地认识某种或某些事物，便只有亲身参加于变革现实、变革某种或某些事物的实践的斗争中，才能触到那种或那些事物的现象，也只有在亲身参加变革现实的实践的斗争中，才能暴露那种或那些事物的本质而理解它们。……你要有知识，你就得参加变革现实的实践。你要知道梨子的滋味，你就得变革梨子，亲口吃一吃。你要知道原子的组织同性质，你就得实行物理学和化学的实验，变革原子的情况。你要知道革命的理论和方法，你就得参加革命。"人的认识依赖于实践活动，尤其是物质生产活动。离开了实践人的大脑不能凭空产生认识，"生而知之"的人是不存在的。认识一定是在社会实践的客观需要和实践活动的基础上发生、发展起来的。外部世界的客观存在是认识的最终源泉，外部世界的可知性是认识产生的根据。

第一，只有从事物质生产活动，人们才有必要和有可能接触到自然界的种种事物，逐渐地认识自然的现象、自然的性质和自然的规律性。例如，原始人在捕杀猎物时发现用钝器或者重物投掷野兽的效果比赤手空拳来的有效，所以原始人逐渐产生了制作利器的想法，于是便有了石斧。经过若干年的发展，人们又懂得了如何运用石斧，摸索总结出野兽的弱点。没有捕杀猎物获取食物的实践活动原始人就不可能接触自然认识到自然事物。正如《实践论》中所指出的**"在没有阶级的社会中，每个人以社会一员的资格，同其他社会成员协力，结成一定的生产关系，从事生产活动，以解决人类物质生活问题。"**从事生产的实践活动使人们不断地接触自然界的种种事物，才有了认识的可能。所以，认识来源于实践活动。

第二，只有从事生产活动，人们才能在与自然界打交道的过程中，逐渐认识人与自然的关系。人们的见识和阅历只有在不断的实践活动中，不断地与外界交流中才能得到提高和发展。封建社会时代，由于生产力水平很低，人们受打雷、下雨、地震、陨石、洪水等一些自然现象的威胁，不能有效抵御自然灾害的破坏。人们饱受自然灾害的影响但又无法对其作出科学的解释，所以那时候的人们对自然产生了敬畏和畏惧。长久下来人们把自然力加以神圣化和人格化，认为有雷神、雨神、天兵天将在主管这些事情，自然灾害是天神对人们的惩罚，人们应该祈求天神的庇佑。"听天由命"的思想和迷信的产生，是人们在与自然界打交道时不能认识自然规律的结果。后来，随着时间的推移，生产力有所提高，人们对自然规律的认识不断加深，能初步运用科学解释自然现象，并利用自然规律制作工具来改造自然。例如，指南针的发明解决了人类航海方面的问题，让人们可以航行的更远更安全，促进了生产力的发展，加快了时代发展的进程。近代以来，人们通过各种各样的生产活动逐渐掌握了更多的自然规律。蒸汽机的出现和电力的广泛应用使生产力极大的提高，科学技术迅猛发展，人们开始要做自然的主人。人们从畏惧自然到利用自然再到做自然的主人，就是由于人们不断地与自然打交道，不断地认识自然思考自然的结果。

第三，只有从事生产活动，人们才能在与社会打交道的过程中，逐渐认识人与人之间的关系。《实践论》对此有深刻的阐释："……**而且经过生产活动，也在各种不同程度上逐渐地认识了人和人的一定的相互关系。一切这些知识，离开生产活动是不能得到的。**"人和人之间的最基本的关系是在生产活动中形成的，而其他各种关系归根结底也是由生产关系决定的。所以，要认识人和人的相互关系，必须通过生产活动。例如，在旧社会工人通过长期的生产活动，感到自己成年累月的辛勤劳动换来却是牛马不如的生活，最后仍然贫困，医疗卫生得不到保障，基本生活得不到满足，最终的归宿是病死在工厂里。总之，人们对自然的认识，对自然规律的把握，对人与自然关系的认识，对人与人相互关系的认识都离不开社会实践活动，尤其是离不开物质生产活动。所以，人的认识主要地依赖于物质生产活动，认识的来源是实践活动，实践对认识起决定作用。

实践出真知。公元 817 年，唐朝著名诗人白居易在游览江西庐山时，写下一首著名的诗《大林寺桃花》。诗中写道："人间四月芳菲尽，山寺桃花始盛开。长恨春归无觅处，不知转入此中来！"宋代著名的科学家、文学家沈括看到这首诗，感到非常惊讶，他带着讥讽的口吻评论说："既然'四月芳菲尽'了，怎么会'桃花始盛开'呢？大诗人也会写出这样自相矛盾的句子，可谓'智者千虑，必有一失'呀！"后来，有一年春夏之交的季节，沈括去游山，见到了白居易诗中所描写的景象：四月的天气，山下众花已经凋谢，而山顶上却是桃花红艳，一片灿烂。沈括猛然想起白居易的诗来，才领悟到自己错怪了大诗人，也从中发现了海拔高度对季节的影响：由于山上气温低，春季的到来也就晚于山下。沈括又仔细地读了白居易的这首诗，才发现这首诗的前面有一篇序。序中写道："（大林寺）山高地深；时节绝晚，于时孟夏月（即四月），如正二月天；梨桃始华（花），涧草犹短。人物风候，与平地聚落不同。"白居易的这篇序特地对为什么在人间四月众花已凋的时候大林寺桃花却"始盛开"的原因进行了说明。现代科学研究表明，根据高山气温垂直分布的规律，海拔每升高 100 米，气温便降低 0.6℃。白居易诗中所描写的大林寺位于庐山香炉峰顶，海拔约 1200 米，比平地气温约低 7℃左右。因此，在农历四月上旬，当庐山脚下的江西九江市已是"芳菲尽"的时候，山顶上的大林寺却是桃花盛开，一片春色。实践是认识的来源，对于想要认识的事物，参加这个事物的实践不失为一种有效的办法。正如毛泽东在《实践论》所说的"无论何人要认识什么事物，除了同

那个事物接触，即生活于（实践于）那个事物的环境中，是没有
法子解决的""如果要直接地认识某种或某些事物，便只有亲身参
加……才能触到那种或那些事物的现象"。

　　无独有偶，冯梦龙的小说《警世通言》中，也有一则《王安
石三难苏学士》的故事。据说，苏东坡去拜访宰相王安石，恰逢
王不在。苏东坡看见书桌上有一纸咏菊的诗稿，只写了两句："昨
夜西风过园林，吹落黄花满地金"。才高气傲的苏学士心想，这老
夫子大概糊涂了，菊花最能耐寒傲霜，如何秋风一吹便落呢？于
是提笔续道："秋花不比春花落，说与诗人仔细吟。"不久，苏东
坡被贬到黄州任团练副使，心情不快，到了当年九月重阳，一夜
秋风刚过，苏东坡邀友赏菊。走进花园一看，只见花瓣纷落，铺
金满地。这时，他才猛然省悟，原来真有"吹落黄花满地金"
的事。

　　这表明，白居易的诗得自于他的游山所见，他在诗序中的分析
也是源于他对于实际情况的观察。沈括起初嘲讽和批评白居易的
这首诗，是因为他没有真正到这个地方去观察，只是凭想当然的
推测就下结论。他后来意识到自己的错误，也是由于他看到了实
际的情况。同样，苏东坡否定王安石的咏菊诗是因为没有亲身经
历，等到亲眼所见，才知道是自己错了。这正是陆游所说的：纸
上得来终觉浅，绝知此事要躬行。否则，就容易犯错误，闹笑话。

（二）实践是认识发展的根本动力

　　实践是认识发展的根本动力。可以说，人的认识只有通过实践

才能得到检验。这是因为人们实践活动提出的问题归根结底只能通过实践来解决。有人说，人们实践活动提出的问题可以通过经验、理论、书籍等方式加以解决，但他忽视了经验、理论、书籍等知识也是来源于实践。所以，实践的问题只能实践来解决。

第一，社会实践的发展不断为认识提出新课题、新需要，从而推动认识的发展。实践的发展会产生各种各样意想不到的问题，当问题发生时人们便会自觉或不自觉地去思考，想办法尽快地解决问题。就这样，在实践的发展过程中矛盾不断地解决又不断地产生，需要解决的新课题不断涌现，周而复始地推动人们去探索、去研究。正如恩格斯指出的："社会一旦有技术上的需要，这种需要就会比十所大学更能把科学推向前进。"实践活动给认识提供了新经验，而新经验会提高人的认识能力，最终推动认识的发展。我们的一切知识都是从经验开始的，这毋庸置疑。人们的认识能力归根结底是在实践基础上形成和发展的，社会实践水平越高，人类的认识能力就越强。例如，20世纪40年代以前，人类一直未能掌握一种能高效治疗细菌性感染且副作用小的药物。当时如果谁患了肺结核病，就意味着他不久就会离开人世。为了改变这种局面，人们进行了长期探索。后来，一个叫亚历山大·弗莱明的医学家由于一次幸运的过失而发现了青霉素。在1928年夏，弗莱明外出度假时，把实验室里在培养皿中正生长着细菌这件事给忘了。3周后当他回实验室时，注意到一个与空气意外接触过的金黄色葡萄球菌培养皿中长出了一团青绿色霉菌。弗莱明在用显微镜观察这只培养皿时发现，霉菌周围的葡萄球菌菌落已被溶解。这意味着霉菌的某种分泌物能抑制葡萄球菌。因此弗莱明将其分泌的抑菌物质称为青霉素。虽然弗莱明在科学实践中解决了如何高效治疗细菌性感染的问题，但他一直未能找到提取高纯度青霉素的方法。后来病理学家弗洛里和生物化学家钱恩解决了这个问题。经过不断的实验，弗洛里、钱恩终于用冷冻干燥法提取了青霉素晶体。之后，弗洛里又在一种甜瓜上发现了可供大量提取青霉素的霉菌，并用玉米粉调制出了相应的培养液。1940 年弗洛里和钱恩用青霉素重新做了实验，他们给 8 只小鼠注射了致死剂量的链球菌，然后给其中的 4 只用青霉素治疗。几个小时内，只有那 4 只用青霉素治疗过的小鼠还健康活着。这是人类医学史上的一个奇迹。此后一系列临床实验证实了青霉素对链球菌、白喉杆菌等多种细菌感染的疗效。青霉素的发现和提纯解决了长期困扰人类的医学问题，大大提高了人们在医学领域内的认识。这个案例告诉我们，只有人们在新的实践水平上总结新经验、回答新课题，才能获得新认识，才能促进人类的认识的提高，才能促进科学的发展。所以，实践的发展会给认识提出新课题、新需要，实践是认识发展的动力，实践对认识起决定作用。

第二，社会实践为认识不断提供新的物质研究条件。人靠感觉器官直接接触外界事物的范围毕竟有限，思维器官的能力也有一定的限度，想要不断地认识世界就需要新的工具和技术手段。任何改造客观事物的工具，同时也是认识客观事物的工具。正是这些新的物质手段，强化、延伸了人的认识器官，给了现代人的认识以巨大推动力，使得现代人的认识获得了空前的进步和发展，不断达到新的广度和深度。随着生产实践的发展，人们还制造了专门用于认识世界的工具，如望远镜、显微镜、雷达、人造卫星、电脑等。现代实践提供着越来越多、越来越精密的认识工具和技术手段，日益扩大了人们的视野，帮助人们深入探索和研究客观世界的奥秘，促进了认识的发展。例如，计算机是 20 世纪最伟大的科学技术发明之一。计算工具的演化经历了由简单到复杂、从低级到高级的不同阶段，从"结绳记事"的绳算到算筹、算盘计算尺、机械计算机等。它们在不同的历史时期发挥了各自的历史作用，同时也孕育了电子计算机的雏形和设计思路。1946 年 2 月 14 日，由美国军方定制的世界上第一台电子计算机"电子数字积分计算机"在美国宾夕法尼亚大学问世了。计算机起初是美国奥伯丁武器试验场为了满足计算弹道需要而研制成的，这台计算器使用了 17 840 支电子管，占地近 60 平方米，重达 28 吨，功耗为 170 千瓦，只能进行每秒 5 000 次的加法运算，造价约为 487 000 美元。计算机的诞生表明电子计算机时代的到来。在以后 60 多年里，计算机这种科学工具对人类的生产活动和社会活动产生了极其重要的影响，并以强大的生命力飞速发展。它的应用领域从最初的军事科研应用扩展到社会的各个领域，已形成了规模巨大的计算机产业，带动了全球范围的技术进步，由此引发了深刻的社会变革，计算机已成为信息社会中必不可少的工具。它是人类进入信息时代的重要标志之一，使人们对自然界和自然规律的理解空前的提高。因此，社会实践为认识的提高提供了必要的物质条件。没有必要的物质条件，人类的认识能力将非常缓慢地提高，实践是认识发展的根本动力，实践对认识起决定作用。

第三，社会实践推动人的思维能力的发展和深化。人们在实践中，不仅改造客观世界，而且也改造着自身的认识。在现实社会中，人们会用自己已有的观念去判断事物，根据这种判断的结果来指导自己的行为，以达到改造世界的目的。但是我们改造这个世界并不是任意的，而是要符合客观规律的，正如《实践论》中指出的"**人们要想得到工作的胜利即得到预想的结果，一定要使自己的思想合于客观外界的规律性，如果不合，就会在实践中失败。人们经过失败之后，也就从失败取得教训，改正自己的思想使之适合于外界的规律性，人们就能变失败为胜利，所谓'失败者成功之母'，'吃一堑长一智'，就是这个道理。**"当人们在现实社会中遇到阻碍和失败，人们便会反复思考失败的原因，总结经验以免下次再犯。这个反思的过程实际上就是改造自身的过程，改造我们的主观世界使之符合于客观规律，最后我们的认识便在改造中获得了深化。例如，1877 年，迪生开始着手改革弧光灯的试验，提出了要搞分电流，变弧光灯为白光灯。这项试验要达到满意的程度，就必须找到一种能燃烧到白热的物质做灯丝，这种灯丝要在 2000℃度的高温下持续 1000 小时以上，同时用法要简单，能经受日常使用的击碰，价格还要低廉。这在当时是极大胆的设想，需要下极大的功夫去探索和试验。起初爱迪生是用炭化物质做试验，失败后他总结经验，改用金属铂与铱高熔点合金做灯丝试验，结果他又失败了。后来，爱迪生还做过矿石和矿苗共 1600 种不同的试验，结果都失败了。在数千次失败和总结教训中，爱迪生取得了很大进展，他认识到白热灯丝必须密封在一个高度真空玻璃球内，灯丝才不易溶掉的道理。于是他的试验又回到炭质灯丝上来了。直到 1880 年的上半年，爱迪生的白热灯试验仍无结果。无数次的试验，让爱迪生积累了大量的经验，他的试验笔记本多达 200 多本，共计 40000 余页。他每天工作 18 个小时，睡眠时间极少。有一天，他把试验室里的一把芭蕉扇边上缚着一条竹丝撕成细丝，经炭化后做成灯丝，结果这一次比以前做的种种试验都优异，这便是爱迪生最早发明的白热电灯——竹丝电灯。这种竹丝电灯继续了好多年，直到 1908 年发明用钨做灯丝后才代替它。爱迪生的成功绝不是偶然，他在改造客观世界的同时也一直改造着自己的主观世界，让自己的认识符合于客观规律。爱迪生的实践过程，实际上就是一个改造主观世界，深化认识的过程，就是一个使认识接近真理的过程。只有社会实践才能促使人的思维能力不断地向前发展，只有人们在实践活动中才能改造着自身的认识。所以，实践是认识发展的根本动力，实践对认识起决定作用。

实践对认识起决定作用，因为实践是认识发展的根本动力。认识虽然来源于实践，但是这种实践如果不用理性加以整理、抽象的话，仍然属于凌乱、散乱、粗浅的认识，是无法真实地反应客观事物的本质和规律的。想要将这种凌乱、粗浅的认识整理成符合客观规律的真理性的认识，就必然还要回到实践中去，经过反复的实践来发展对事物的认识。平面几何中著名的勾股定理是怎么得来的呢？我们得从"5、12、13"这两组数字说起。在很早的时候，埃及人就利用尼罗河水来进行人工灌溉，这就需要修建水渠、水池和堤坝等工程。同时，由于尼罗河经常泛滥，住在尼罗河两岸的古埃及人不得不在洪水之后又重新划分土地。测量土地的需要导致了几何学的产生。古埃及人在长期的生产实践中发现，如果按照边长为 3：4：5 的比例画一个三角形，那么与边长 5 相对的角是直角。他们就是利用这个已知的道理在地面上画直角三角形的。从表面上看，古埃及人已经学会画直角三角形，但是他们对直角三角形的理解却是零散、孤立和粗浅的。尽管如此，这毕竟是人们在认识直角三角形的过程中所经历的不可或缺的第一步。继古埃及人之后，古希腊数学家、哲学家毕达哥拉斯发现古巴比伦也有一个类似的直角三角形画法，但其边长的比例是 5：12：13，与"13"相对的角是直角。毕达哥拉斯借助于古埃及人和古巴比伦人总结出来的这些经验，运用自己的头脑对这些素材进行了分析、对比和提炼，终于找出了规律性的东西：夹直角的两边的长度的平方和与对着直角一边的平方恰好相等。用公式表示，即 A 的平方与 B 的平方之和，这就是我们今天所说的勾股定理。因为是毕达哥拉斯总结出来的，所以也叫作毕达哥拉斯定理。

实际上，我国古代劳动人民在略早于毕达哥拉斯的时候，就从劳动实践中认识到了勾股定理的规律，并有所总结。著名的"商高定理"便是关于勾股计算的方法，只是没有形成毕达哥拉斯那样抽象的表达形式。因此，我们通过这个案例可以看出，埃及人最初来源于实践的认识虽然能解决一定的问题，但毕竟仅仅是正确的认识而不是真理性的认识，不能够符合客观规律。后来的毕达哥拉斯以及我国赵爽等人经过实践又发展了埃及人对勾股的认识，最终均形成了较为抽象的真理性的认识。

（三）实践是认识的归宿

认识活动的目的不在于认识活动的本身，而在于更好地去改造客体，更有效地指导实践，更好地改造这个世界使之为人们服务。认识指导实践、为实践服务的过程，就是认识价值的实现的过程。如果认识指导不了实践，无法改造这个世界为自己服务，那么这种认识是毫无意义的。毛泽东读过马克思的原著深受马克思思想的影响，马克思曾经在《关于费尔巴哈的提纲》中明确指出**"哲学家们只是用不同的方式解释世界，而问题在于改变世界"**实践是人能动地改造世界的活动。实践把居于能动与主导方面的主体和居于依据与基础方面的客体联结起来，形成了一种改造关系。实践活动改造着自然界，改造着社会，改造着人们之间的关系和人本身。人类发展的历史证明，没有实践就没有社会历史的进步和人自身的进步。认识从实践中来，最终还是应该回到实践中去，科学只有运用到实践之中才能发挥作用，才能在实践中得到检验，才能最终转化为生产力，促进人们生活水平的提高。例如，钱学森就曾留学美国，为了获得当时最先进的空气动力学技术，钱学森于1936年9月转入美国加州理工学院航空系，成为世界著名空气动力学教授冯·卡门的学生，并很快成为冯·卡门得意的弟子。后来，钱学森回国为我国的导弹事业做出了卓越的贡献。钱学森留学学习的目的就是为了改造客观世界，通过提高科学认知掌握空气动力学的知识，成为了20世纪应用数学和应用力学领域的人物。实践的观点是马克思主义认识论的第一的和基本的观点。我们学习马克思主义认识论，首先就要坚持实践第一的观点，树立实践的应有权威，尊重实践，一切从实际出发。尊重实践，就能从根本上保证我们的思想和行动符合客观世界的规律，有效地改造世界。只有尊重实践，才能有力地反对各种形式的唯心主义，克服主观主义，防止用空想代替现实、用抽象的原则裁剪实际生活。所以，实践是认识的起点，也是认识的归宿，是全部认识的基础，实践对认识起决定作用。

认识是对客观世界的能动反映。真理既是制约我们实践活动的客观程度，又是我们实践活动所追求的价值目标之一，我们只有通过实践活动才能获取关于外部世界的科学认识；而价值则是我们实践活动追求的根本目标，同时又是制约我们实践活动的主体尺度，例如，有的人喜欢吃甜的，有的人喜欢吃咸的，我们不能说喜欢甜的食物或咸的食物不对，而只能说在喜欢吃咸的人眼中，甜食不合他的胃口，是没有价值。真理和价值在实践基础上是辩证统一的，这种关系主要表现在三个方面：首先，成功的实践必然是以真理和价值的辩证统一为前提；其次，价值的形成和实现以坚持真理为前提，而真理又必然是有价值的；第三，真理和价值在实践和认识活动中是相互制约、相互引导、相互促进的。科学精神和人文精神的辩证统一是真理和价值的辩证统一的方法论要求，一方面，科学精神要求我们在认识和实践中，要如实地、准确地按照客观事物的本来面目去揭示其本质和规律，把追求真实、反对虚假看作是进行科学活动和实践活动的基本品格。另一方面，人文精神要求把人民的利益和人的发展看作是一切认识和实践的出发点，贯彻"以人为本"的原则。

（四） 如何检验真理性认识的正确与否

人的认识活动来源于实践，也要回归于实践，从而实现认识的意义。即人们从事认识活动往往是以实践为目的的，因此，认识成果只有回到实践，付诸于实践，才达到了认识的目的，实践是检验认识的真理性的客观标准。毛泽东在《实践论》中指出："马克思主义者认为，只有人们的社会实践，才是人们对于外界认识的真理性的标准。实际的情形是这样的，只有在社会实践过程中（物质生产过程中，阶级斗争过程中，科学实验过程中），人们达到了思想中所预想的结果时，人们的认识才被证实了。人们要想得到工作的胜利即得到预想的结果，一定要使自己的思想合于客观外界的规律性，如果不合，就会在实践中失败。人们经过失败之后，也就从失败取得教训，改正自己的思想使之适合于外界的规律性，人们就能变失败为胜利，所谓'失败者成功之母'，'吃一堑长一智'，就是这个道理。辩证唯物论的认识论把实践提到第一的地位，认为人的认识一点也不能离开实践，排斥一切否认实践重要性、使认识离开实践的错误理论。列宁这样说过：'实践高于（理论的）认识，因为它不但有普遍性的品格，而且还有直接现实性的品格。'马克思主义的哲学辩证唯物论有两个最显著的特点：一个是它的阶级性，公然申明辩证唯物论是为无产阶级服务的；再一个是它的实践性，强调理论对于实践的依赖关系，理论的基础是实践，又转过来为实践服务。判定认识或理论之是否真理，不是依主观上觉得如何而定，而是依客观上社会实践的结果如何而定。真理的标准只能是社会的实践。实践的观点是辩证唯物论的认识论之第一的和基本的观点。"

在日常生活和工作中，人们对于同一件事，往往会有各种不同的看法，有的认为这样对，有的认为那样对。至于在重大的事情上，争论更为激烈。既然有争论，就有一个判断是非的问题，即真理的标准问题。那么，拿什么来作为标准？马克思主义者认为，只有人们的社会实践，才是检验认识的真理性的标准。马克思在《关于费尔巴哈的提纲》中指出："人的思维是否具有客观的真理性，这并不是一个理论的问题，而是一个实践的问题。人应该在实践中证明自己思维的真理性，及自己思维的现实性和力量，亦即自己思维的此岸性。关于离开实践的思维是否具有现实性的争论，是一个纯粹经院哲学的问题。"这表明，人们只有在实践中才能检验自己认识的真理性。

第一，实践具有直接现实性。只有社会实践才是检验认识的真理性的标准，是因为认识是主观对于客观的反映，这种反映是否正确，在主观认识的范围内是无法解决的。一方面，人的认识没有超出主观思想范围，不能确认自身是否与客观实际相符合；另一方面，客观事物存在于人的意识之外，不具备把人的认识同客观实在加以对照的能力，客观实际本身并不会开口说话，对人们的认识是否正确不能直接作出回答。所以，主观上认为正确或不正确，并不等于实际上就是如此。唯一的办法就是通过实践去检验，实践是把主观和客观联系起来的桥梁，是主观与客观的"中介"和"交错点"，具有直接现实性的品格。人们用自己的思维模式在头脑中重建客体模型，并根据这个客体模型推导出应当具有的未知结果，然后再用"中介"和"交错点"加以检验，当推导预言与改造客体的实践结果一致时，就证明人在头脑中精神的重建客体模型与客体自身相一致。人们只有在改造客观世界的实践活动中，才能把主观认识同客观现实紧密结合起来并加以对照。人们把从实践中得来的认识加以整理后再返回到实践中去指导实践，如果达到了预期的目的，认识变为现实，就证明这种认识是正确的，否则就是不正确的。

第二，实践具有普遍性。实践的普遍性表现在每一种实践都有它的共同的、规律性的东西，只要具备同样的条件，在实践过程中就能得到同样的结果。正因为实践的这种普遍性特征，从实践中总结出来的理论才具有普遍性。例如，人们在地质学领域所取得的成果被普遍应用于对资源的勘探和开采；对气候变化规律的揭示有助于人们预知天气的变化，以利于工农业生产等。当然，人们在很多基础科学领域的研究，暂时甚至在相当长时间内还显示不出其实践价值的存在，但这并不能否认这些研究的意义，它们将来终究会被应用于实践。况且这些研究显示了人类对宇宙怀有的强烈好奇心，不懈探索真理的精神以及揭示宇宙奥秘的雄心。

第三，实践高于逻辑证明。实践作为检验认识正确与否的标准并不排斥逻辑证明的作用。合乎逻辑的思维既是实践的指导思想，又是理解、总结和表达实践成果的必要条件。但是逻辑本身也是以往人类实践的精神成果，逻辑推理的前提和逻辑法则的真理性也要考实践来检验，才能最后判断他的真理性。所以，实践高于逻辑证明，检验认识正确与否的最终标准也只能是实践。坚持把实践作为检验认识正确与否的根本标准，对我们解放思想，破除迷信，坚持实事求是的思想路线，有着重要而积极的现实意义。

真理的光辉是扼杀不了的，通过人们的实践活动，错误的理论迟早要为人们所摈弃，这就是科学研究的实践作出的最公正的裁判。历史上，有一个著名的伽利略自由落体实验，这个实验充分说明实践是检验认识的真理性的客观标准。关于落体运动，古希腊哲学家亚里士多德仅仅凭借直觉和观感，曾经作出过这样的结论：重的物体下落速度比轻的物体下落速度快，落体速度与重量成正比。亚里士多得的论断影响深远，在其后两千年的时间里，人们一直信奉他的学说，把这个说法当成不可改变的真理，没有人怀疑过它。在伽利略生活的 16 世纪末，人人也都这么认为，所以在人们印象里理所应当地认为重量大的物体比重量小的物体更先落地。但是这种从表面上的观察得出的结论实际上是错误的。伽利略，当时在比萨大学数学系任职，他大胆地向亚里士多德的观点挑战。他用简单明了的科学推理和科学实验，巧妙地揭示了亚里士多德的理论内部包含的矛盾。1589年，伽利略在比萨斜塔上做了"两个铁球同时落地"的实验：伽利略一手拿着一个1磅重的铁球，另一手拿着一个10磅重的铁球，健步登上了五十多米高的斜塔顶上。到了塔顶，他向下作了个手势请观众注意，随即双手平举两个铅球让它们同时下落，最后"啪!"的一声，两个重量相差9倍的铅球同时落地。伽利略通过实验得出了重量不同的两个铁球同时下落的结论，从此推翻了亚里士多德"物体下落速度和重量成比例"的学说，纠正了这个持续了近两千年之久的错误结论。关于自由落体实验，伽利略做了大量的实验，他站在斜塔上面让不同材料构成的物体从塔顶上落下来，并测定下落时间有多少差别。结果发现，各种物体都是同时落地，而不分先后。也就是说，下落运动与物体的具体特征并无关系。无论木制球或铁制球，如果同时从塔上开始下落，它们将同时到达地面。伽利略通过反复的实验，认为如果不计空气阻力，轻重物体的自由下落速度是相同的，即重力加速度的大小都是相同的。所以，他在1638年写的《两种新科学的对话》一书中指出：根据亚里士多德的论断，一块大石头的下落速度要比一块小石头的下落速度大。假定大石头的下落速度为8，小石头的下落速度为4，当我们把两块石头拴在一起时，下落快的会被下落慢的拖着而减慢，下落慢的会被下落快的拖着而加快，结果整个系统的下落速度应该小于8。但是两块石头拴在一起，加起来比大石头还要重，因此重物体比轻物体的下落速度要小。这样，就从重物体比轻物体下落得快的假设，推出了重物体比轻物体下落得慢的结论。亚里士多德的理论陷入了自相矛盾的境地。伽利略由此推断重物体不会比轻物体下落得快。这个故事告诉我们，地位、权力、威望以及多数人的承认，都不是判定人的认识正确与否的尺度。只有实践才是检验真理的唯一标准，错误的东西迟早要被实践推翻。

第三章 品读《实践论》
中的认识理论

　　什么是认识？辩证唯物主义者认为，认识的本质是主体在实践的基础上对客体的能动的革命的反映。认识的一般发展规律是什么？列宁指出"从生动的直观到到抽象的思维，并从抽象的思维到实践，这就是认识真理、认识客观实在的辩证途径。"毛泽东在《实践论》中进一步指出"……由此看来，认识过程，第一步，是开始接触外界事情，属于感觉的阶段。第二步，是综合感觉的材料加以整理和改造，属于概念、判断、推理的阶段。……然而认识运动至此还没有完结……马克思主义的哲学认为十分重要的问题，不在于懂得了客观世界的规律性，因而能够解释世界，而在于拿了这种对于客观世界的规律性的认识去能动地改造世界。"所以，认识运动的一般规律必须遵循认识的辩证发展过程：先从实践到认识；再从认识到实践；实践、认识、再实践、再认识，认识运动不断反复和无限发展。

第一节　奇妙的认识能力

要想了解《实践论》和马克思主义认识论，要想了解认识和实践的关系，就不能不知道人类的认识是怎样的。认识是人脑在实践的基础上对客观事物的能动的革命的反映，即认识的主体对认识的客体的能动的反映。认识主体、认识客体和认识工具是人类认识系统的三个必不可少的要素，认识主体只有通过一定的认识工具才能作用于认识客体。

（一）认识的主体

认识的主体通常是指社会中生活的人，它是认识系统中的首要因素。作为认识主体的人，是从自然界分化发展而来的并仍然属于自然界的一部分。不仅人的机体组织以及存在于他身上的自然力、生命力和生命过程都属于自然界，而且人的存在和活动依赖于其他的自然物。所以，认识的主体首先是一种"有生命的自然存在物"，具有自然属性。但是，有生命的自然存在只是人作为认识主体的物质前提，并不是它的本质规定。人作为认识主体的存在是一种社会存在，主体的本质规定也只能从人的社会属性和社会关系中获得。人的机体和智力都是在社会性的劳动中形成和发展的，人作为认识主体的力量和能力只能来自社会性的联系即社会实践中人们之间的社会合作。这样一来，人只有首先成为实践的主体，才能成为具有能动反映能力的认识主体。除此之外，认识主体还具有情感意志，能够为自己的行为制订目标、计划，并能动地进行选择的人，这就是所谓的主观能动性。最后，作为认识主体的人总是处于特定历史背景下的人，其身心、能力等方面带有特定的历史特征，并随着时代的发展而发展，即认识的主体还具有历史发展性。

认识主体包括个体主体、集体主体和类主体三种基本形式。个体主体也就是从事认识活动的个人。个人是认识主体的基础和细胞，一切认识活动归根到底都是以个人为主体来进行的。但是，作为认识主体的个人决不能简单的理解为生物人，他们总是在一定的社会关系中进行活动的。由于各种主客观条件的限制，个体主体的认识能力是非常有限的。集体主体是指按照一定的信仰、目的、利益、规范等组织起来的社会共同体，如民族、阶级、政党、科学家集团等等。集体主体是由个体主体构成的，但并不是个体主体的机械拼凑。由于集体主体内部有组织的联系和活动方式的变化，集体主体创造了一种新的认识能力，这种能力可以远远大于个体主体能力的简单叠加。当然，任何时代的集体主体的认识能力也仍然要受到历史条件的限制。类主体是指作为认识主体的全人类，它是无数世代的个体主体和集体主体的总和。通常认为，类主体的认识能力是无限的。对于类主体而言，世界上只有尚未认识之物，而没有什么不可认识之物。

（二）认识的客体

认识的客体通常是指认识的对象，它是认识系统中的三要素之一。在认识系统中，认识客体是与认识主体相对应的另一基本要素。认识客体是认识活动中处于被动地位的一方，是主体认识活动所指向的对象。认识客体与认识主体是相对而言、相互规定的。我们说某人是认识主体，是因为他认识着特定的事物；我们说某物是认识客体，则是因为有认识它的人。但是，当某人从事一定的认识活动时，他就处于认识主体的地位；而当他成为他人的认识对象时，他又处于认识客体的地位。所以，人既可以是主体也可以是客体。认识客体与客观事物既有区别又有联系。客观事物是指不以人的意识为转移的一切事物，它与客观存在属于同一范畴。当客观事物尚未进入人的认识领域时，它还只是自在的客观实在。只有与认识主体发生一定的关系，它才具有认识客体的意义。客观事物是无限多样的，但在人类认识发展的某一历史阶段上，只有部分客观事物能够进入人的认识领域，成为认识客体。比如，原始社会的人不可能马上就认识全部的世界，认识后来才被发现的核物理学、医学、微积分学等，原始人只能认识原始社会中的事物。随着实践活动的日益发展，人类的认识逐渐提高，于是，客观事物越来越多地向认识客体转化。而促使客观事物进入人的认识领域并向认识客体转化的根本力量，仍然还是人们的社会实践。所以，正如认识主体首先是实践主体一样，认识客体也必然首先是实践客体。认识客体具有客观实在性，这是由客观物质世界具有不以人的意志为转移的物质性所决定的。认识客体还具有对象性，这是因为认识客体首先是实践客体，已进入人的实践活动范围，被人的实践所捕捉，成为人的实践和认识的对象。所以，认识客体的广度和深度依赖于主体的发展程度和水平。最后，认识客体还具有社会历史性，因为认识客体的广度和深度在不同的时代条件下是不一样的，被打上了时代的烙印。同认识主体一样，认识客体也具有多种形式。概括地说，主要包括：自然客体、社会客体 和思维客体。自然客体就是自然界。从人类认识发展的历史过程看，自然界的事物是最早成为人的认识客体。所谓的自然科学就是以自然客体为认识对象的系统知识。社会客体就是人类社会。任何人一生下来都面临着一定的社会关系，都会自觉不自觉的对社会进行认识。人类在对社会客体的认识中，逐渐形成和发展起了各门社会科学。思维客体就是思维现象。思维是人认识事物时所进行的一种精神活动，但它本身也可以为人所认识、成为人的认识客体。从历史上看，思维活动很早就已成为人们的认识客体。在现代，人类已经有了专门研究思维客体的各门思维科学。

（三）认识的工具

认识工具是指，认识活动中主客体相互作用的中介，是主体借以认识客体的手段、方式和方法的总和，它是认识系统中的三要素之一。认识工具可分为物质认识工具和精神认识工具两类。物质认识工具是认识活动的物质手段或物质条件。由于人是在改造客观世界的实践活动中认识世界的，所以，工具特别是各种劳动生产工具就变成了认识工具。物质认识工具是最简单的认识工具。随着人类社会的发展，人类设计和制造了各种专门的物质认识工具，如科学研究的仪器、设备等。1946 年计算机的问世，更是标志着物质认识工具发展到了一个更高的水平。如果说早先的各种物质认识工具还只是人体自然感官的延伸物，那么，计算机则放大了人的思维器官，能够代替人们的部分脑力劳动。精神认识工具是指以观念形态存在的思维方式，即概念、范畴和思维方法。概念、范畴不仅是前人认识的成果，这种成果以抽象的形式将前人的经验和知识浓缩起来；概念、范畴还是主体进行新认识活动的思维工具，对认识客体具有概括和统摄作用。人们就是用概念、范畴这种思维工具来掌握客体的本质和规律的。思维方法是指主体把握客体的思维路径或思维程序，即思路和逻辑。列宁曾说："范畴是区分过程中的梯级，即认识世界的过程中的梯级，是帮助我们认识和掌握自然现象之网的网上纽结。"人类认识自然界的成果是以概念、范畴的形式固定下来的，这些概念、范畴在人脑中按照某种形式联系起来则就成了思维方式，即思路和逻辑。概念、范畴和思维方法是主体认识客体必不可少的中介。

（四）认识的能动性

认识的能动性是指，能动反映的两个特点：创造性和摹写性。一方面，反映具有摹写性。因为人的认识作为对客观事物的反映，必然要以客观事物为原型，它总是力图在思维中再现客观事物的状态、属性、关系、本质和规律。反映的摹写性决定了反映的客观性。另一方面，反映具有创造性。反映的摹写性绝不是对对象的直观的描摹或照镜子式的原物再现，反映的摹写是把头脑中的信息进行分析、选择、运用、重组、整合、建构和虚拟。所以，人不仅能够反映事物的现象，而且还能进一步揭示事物的内在的本质和规律；不仅能够反映事物的现在，而且能够塑造出现实中并不存在的事物。正如列宁所说的，人的意识不仅能够反映世界，而且能够创造世界。

认识还具有主观和客观两种属性。一方面，认识是作为主体的人以观念的形式反映或再现客体，另一方面，认识是以客观的社会实践为基础，认识的内容来源于客观世界，认识的目的和任务是要正确的反映客体，获得关于外部现实的正确的知识，从实践中来的知识，还要再回到实践中去，使自身得到检验和发展，并用以有效地指导实践，并通过实践转化为客观现实，达到主观和客观、主体和客体的一致。认识包含感性认识和理性认识两个阶段：感性认识是认识的低级阶段；理性认识是认识的高级阶段。人们在社会实践中与外界事物直接接触，通过这个感觉器官反映在人脑中是事物表面、片面的现象，属于感性认识阶段。感性认识是不完全的认识，要完全反映事物就得把握事物的本质和规律，必须积累丰富的感性材料，并对他进行思维上的加工，经过分析、综合、归纳、演绎等逻辑的活动，最终可以形成概念、判断、推理的过程，使认识从感性上升到理性，揭示事物的内部联系、本质和规律。认识的真正任务就在于达到对事物的本质和规律的认识，获得关于事物真理性的认识，并用他们来为人们的实践服务。

科学发现不仅仅是实验观察和逻辑推理的过程，也是科学家发挥主观能动性进行思维创造的过程，并且要受到人的非理性因素的影响。化学家凯库勒发现苯分子环状结构的过程就是一个典型的例子。

1864 年的冬天，凯库勒在比利时的根特大学任教。这时他正在研究苯分子的结构问题，但进展很慢，几乎陷入了困境。一天晚上，他在书房中打起了瞌睡，眼前出现了旋转的碳原子。在梦中，碳原子的长链像蛇一样盘绕卷曲，忽然看到一条蛇抓住了自己的尾巴，并旋转不停。凯库勒像触电般的猛醒过来，并由此联想到了苯分子的结构，提出了苯环结构假说。后来，凯库勒在1890 年的讲演中描述道：“我坐下来写我的教科书，但工作没有进展，我的思想开小差了。我把椅子转向炉火，打起了瞌睡。原子又在我眼前跳跃起来，这时较小的基团谦逊地退到后面。我的思想因这类幻觉的不断出现变得更敏锐了，现在能分辨出多种形状的大结构，也能分辨出有时紧密地靠近在一起的长行分子，他们盘绕，旋转，像蛇一样运动着。看，有一条蛇咬住了自己的尾巴，这个形状虚幻地在我的眼前旋转着。像是电光一闪，我醒了，……我花了这一夜的其余时间，做出了这个假想。”对于他的发现，凯库勒说：“我们应该会做梦！……那么我们就可以发现真理，……但不要在清醒的理智检验之前，就宣布我们的梦。”

这个故事说明人的认识作为对客观事物的反映，虽然必然要以客观事物为原型，并力图在思维中再现客观事物的状态、属性、关系、本质和规律，但是人的认识也具有创造性。这种创造性绝不是简单的让对象像照镜子式的原物再现，而是把头脑中的信息进行分析、选择、运用、重组、整合、建构和虚拟。凯库勒在梦中潜意识地将平时实验中的信息进行重组、整合、虚拟，充分说明了人们主观能动性具有创造性，只不过在本案中这种创造过程比较特殊罢了。

第二节 深化认识要遵循规律

《实践论》所阐明的一个重大的认识论的基本问题，就是认识发展的基本规律。毛泽东在《实践论》中指出："这种基于实践的由浅入深的辩证唯物论的关于认识发展过程的理论，在马克思主义以前，是没有一个人这样解决过的。马克思主义的唯物论，第一次正确地解决了这个问题，唯物地而且辩证地指出了认识的深化的运动，指出了社会的人在他们的生产和阶级斗争的复杂的、经常反复的实践中，由感性认识到论理认识的推移的运动。"认识是在社会实践的过程中发生发展的，开始是反映事物的片面、事物的现象和外部联系的感性认识，然后达到了反映事物的全体、事物的本质和内部联系的理性认识，再然后从理性认识飞跃到实践过程。这种以实践为基础的由浅入深的认识发展过程的理论，在马克思主义以前，没有任何一个哲学家正确地解决过。可以说，马克思主义理论，尤其是毛泽东的《实践论》全面而又科学地解决了认识的辩证发展过程。

关于认识的辩证过程，在马克思主义之前有三种代表性的观点，分别是德谟克得特的影像说、洛克的经验论说、笛卡尔的唯理论说。

德谟克利特的影像说。古希腊哲学家、原子论者德谟克利特用原子论来解释认识问题。他认为，从事物中不断流溢出来的原子形成了"影像"，人的感觉和思想就是这种"影像"作用于感官和心灵而产生的，这就是他的"影像说"。德谟克利特还区分了感性认识和理性认识。他认为，感性认识是认识的最初级阶段，人的感官并不能感知一切事物，如原子和虚空就不能为感官所认识。当感性认识在最微小的领域内不能再看、再听、再嗅、再摸的时候，就需要理性认识来帮助，因为理性具有一种更精致的工具。德谟克利特把感性认识称作"暗昧的认识"，把理性认识称为"真理的认识"。因为在他看来，原子本身之间没有什么性质的不同，人们感觉所感知的各种事物的颜色、味道都是由于习惯，都是人们主观的想法。古希腊哲学家德谟克里特对于认识的辩证过程的看法有其进步性，他从原子论出发，把认识视为原子作用于人的感官和心灵的结果，认为感性认识低于理性认识，表明他认识到了人的认识与外界有关，感性认识与理性认识不同，体现了古代哲学家的智慧。

洛克的经验论说。经验论，又称经验主义，是西方哲学史上近代哲学的重要流派，英国哲学家洛克是其主要代表人物。经验论把经验视为人的一切知识或观念的唯一来源，片面地强调经验或感性知识的作用和确实性，往往以这样或那样的方式贬低乃至否定理性知识的作用和确定性。经验论哲学家认为，一切知识都是从经验中来的，都可以追溯其起源，不存在任何天赋的或先天的观念、命题。理性认识是抽象的、间接的认识，思想愈抽象就愈空虚，愈不可靠，愈远离真理。虽然洛克正确地认识到，一切知识都需要从"感性经验"开始，缺乏"感性认识"认识将不再可能。但是洛克只承认感性认识的作用和真实性，而否认理性认识的作用和真实性，这种做法显然是不正确的。

笛卡尔唯理论说。唯理论，又称唯理主义，是西方哲学史上近代哲学的重要流派，开创者为法国哲学家笛卡儿，主要代表人物有荷兰的斯宾诺莎和德国的莱布尼茨，此外还有笛卡儿学派的马勒伯朗士以及莱布尼茨哲学的继承者沃尔夫。一般说来，唯理论者不承认经验论者所主张的一切知识都起源于感觉经验的原则。他们认为，具有普遍必然性的可靠知识不是、也不可能来自经验，而是从先天的、无可否认的"自明之理"出发，经过严密的逻辑推理得到的。他们往往把这种"自明之理"，如欧几里得几何学的公理，以及传统的形式逻辑的同一律、矛盾律、排中律等，说成是人心中与生俱来的"天赋观念"。唯理论者认为，只有依靠理性直接把握到事物本质的那种"理性直观知识"，或依靠理性进行逻辑推理得来的知识即理性知识，才是可靠的，依靠感觉经验得来的感性知识是不可靠的，往往是错误认识的来源。唯理论强调理性知识的重要作用，认为认识不能停留在感性阶段，必须上升为掌握事物的本质、规律的理性认识。例如，唯理论的开创者、法国哲学家笛卡儿就认为，观念的"清楚""明白"是真理性认识的标准，数学特别是欧几里得几何学是一切可靠知识的标本，只有像几何学那样从极少几条完全清楚明白的"自明"公理出发，依靠人的"自然灵明"，即天赋的理性认识能力，来进行每一步骤都清楚明白、准确无误的推理，这样得来的知识才是可靠的。笛卡儿认为，既然要求推理出可靠知识，最初的公理或第一原理必须是"自明"的，而从感觉经验得来的观念又往往是混乱模糊的，甚至常常欺骗人们，因此可靠的知识不能来自感觉经验，只能来自人心固有的或与生俱来的"天赋观念"。以法国哲学家笛卡儿为主要代表的唯理论者反对经验论，把天赋观念或原理视为认识的来源，只承认理性认识的作用和真实性，否认感性认识的作用和真实性，显然这也是不正确的。

无论是德谟克利特的影像说、洛克的经验论说、笛卡尔的唯理论说，这些观点都与马克思主义哲学的观点形成了鲜明的对比。从马克思主义哲学认识论关于认识辩证过程的思想中，我们可以看到马克思主义哲学对传统哲学认识论观点的批判和吸收。

（一）先从实践到认识

认识的辩证发展过程，首先表现为由实践到认识的辩证运动。所谓由实践到认识的辩证运动，也就是在实践的基础上形成感性认识，并由感性认识上升到理性认识。毛泽东说："一切比较完全的知识都是由两个阶段构成的：第一阶段是感性知识，第二阶段是理性知识，理性知识是感性知识的高级发展阶段。"由实践到认识即由感性认识到理性认识，是认识的辩证过程中的第一次能动的飞跃。这种认识的辩证过程中的第一次飞跃，虽然实现了由实践到认识的运动，但它还不是一个完整的认识过程，要完成对事物的认识，还需要将理性认识的成果运用于实践，实现由认识到实践的再运动。由认识到实践即使理性认识又回到实践中去，是认识辩证过程中的第二次飞跃。这样一来，由实践到认识和由认识到实践，就构成了一个相对完整的认识过程。但是，在现实中，经历这样一个过程后，人们对事物的认识并不算完成了。人们要获得关于事物的正确认识，往往需要经历由实践到认识和由认识到实践的反复循环。毛泽东在《实践论》中指出："通过实践而发现真理，又通过实践而证实真理和发展真理。从感性认识而能动地发展到理性认识，又从理性认识而能动地指导革命实践，改造主观世界和客观世界。实践、认识、再实践、再认识，这种形式，循环往复以至无穷，而实践和认识之每一循环的内容，都比较地进到了高一级的程度。这就是辩证唯物论的全部认识论，这就是辩证唯物论的知行统一观。"由于人的认识受到客观事物发展程度及其表现程度、生产发展水平和科学技术条件、人的实践范围、立场、观点、方法和知识水平等的限制，所以，人们要获得关于事物的正确认识，往往需要经历由实践到认识和由认识到实践的反复循环。再认识是对已经进行的认识的认识对象及其认识成果的重新认识，是由认识运动的不断反复和无限发展的规律所决定的。实践、认识、再实践、再认识，这种形式，循环往复以至无穷，一步步地深化和提高，这是认识发展的总过程。作为由实践到认识和由认识到实践这两次飞跃的辩证综合，是对认识辩证运动全过程的科学概括。认识辩证运动过程的原理，具有重大的方法论意义，它是唯一科学的认识路线，也是马克思主义政党唯一科学的工作路线。

什么是感性认识。感性认识是人们在社会实践过程中，通过自己的感觉器官直接接触外界客观事物，在头脑中产生对于事物现象、表面和外部联系的认识。包括感觉、知觉和表象三种反映形式。从感觉、知觉到表象，是由个别的特性到完整的形象，由当时感知到印象的直接保留和事后回忆的认识过程，这里已经包含着认识由部分到整体，由直接到间接的趋势。感性认识是用具体的、生动的形象直接反映外部世界，以事物的现象即外部联系为内容，还没有深入到对事物的本质的认识。所以，感性认识虽然是生动的、形象的，但是还不深刻，这是由其局限性所导致的。毛泽东在《实践论》中对感性认识给出了贴切的解释，他指出"原来人在实践过程中，开始只是看到过程中各个事物的现象方面，看到各个事物的片面，看到各个事物之间的外部联系。"随后，毛泽东举出了一个具体的例子，他说"例如有些外面的人们到延安来考察，头一二天，他们看到了延安的地形、街道、屋宇，接触了许多的人，参加了宴会、晚会和群众大会，听到了各种说话，看到了各种文件，这些就是事物的现象，事物的各个片面以及这些事物的外部联系。这叫做认识的感性阶段，就是感觉和印象的阶段。也就是延安这些各别的事物作用于考察团先生们的感官，引起了他们的感觉，在他们的脑子中生起了许多的印象，以及这些印象间的大概的外部的联系，这是认识的第一个阶段。在这个阶段中，人们还不能造成深刻的概念，作出合乎论理（即合乎逻辑）的结论。"由此看来，感性认识是认识的低级阶段，因而它必须要上升到理性认识。

在哲学的历史上，人们对感性认识的性质、作用早就有所认识和探讨。古希腊赫拉克利特非常强调感觉在认识中的作用，同时也看到感性认识只能认识事物的表面现象的局限性。德谟克利特曾经明确提出认识有两种形式：真理性的认识和暗昧性的认识即感性认识。近代社会，著名的哲学家、教育家培根主张把感性认识和理性认识结合起来，并认为真正的哲学工作应该像蜜蜂那样既要采集材料也又要加工消化材料。著名哲学家黑格尔在他的《小逻辑》一书中，阐述绝对观念发展时指出："感性的东西是个别的，是变灭的，而对于其中的永久性东西，我们必须通过反思才能认识。"黑格尔从唯心主义基础上指出感性认识的重要性和向理性认识发展的必要性。辩证唯物主义认为，必须从认识是一个发展的过程来辩证地对待感性认识。感性认识是整个认识过程的第一阶段，具有直接性、生动性和具体性的特点。它是对外界事物现象的直接反映，是意识与外部世界的直接联系。所以感性认识又称为感性直观或生动直观。感性认识的这些特点与人的感觉器官具有专门化的特殊功能是紧密相关的。人的每个感官只能反映事物对象某一个别特性，但在大脑的支配协调下，关于事物对象的各个不同质的感觉能够互相联系，互相统一，组合成该事物对象整体的具体映像即知觉映像。同时在一定的条件刺激下，以往的知觉映像还能在人的大脑中再现，形成表象。表象和当前直接获得的知觉映像能够相互结合并改造组成新的表象。所以人的感性材料才能得以不断的丰富和积累，为发展到理性思维准备了条件。要想取得丰富的感性认识，就必须积极参加社会实践，并充分运用人体的各种感觉器官以及各种人工的感觉器官，如各种生产工具、科学仪器和设备等等，收集事物的各个方面的材料。感性认识是反映事物本质和内部联系的理性认识的一个基础。理性认识依赖于感性认识，感性认识也有待于发展成为理性认识。

我们以能量守恒和转化定律的发现来说明这一理论。早在17世纪时，法国的哲学家、数学家和物理学家笛卡儿就已经提出了关于运动守恒的猜测。随着蒸汽机的出现，人们对于热现象的探索也日渐深入。同时，在电、磁、光、化学等各种现象的研究方面也积累了不少的经验知识。18世纪末到19世纪初，人们已经发现了许多运动形式之间可以相互转化的事实。1780年，意大利的伽伐尼（1737—1789）通过实验发现火花放电或雷雨能使蛙腿筋肉收缩，这是电流产生的生物学效应。1800年，意大利人伏加将两种不同的金属片叠起来，产生了电。同时他还发现，将铜片和锌片浸入硫酸溶液中，用导线把这两片金属连成回路也能产生电流。这是化学运动转化为电的运动。1820年，丹麦人奥斯特发现电流可使小磁针偏转，同时，电流的回路放在磁铁旁也会偏转，这说明电运动会转化为磁运动。1822年，法国人盖·吕萨克（1778—1850）利用电运动和磁运动之间的关系，运用电流通过线圈的办法，使插在线圈中的铁块磁化，发明了电磁铁。而法拉第则发现，将磁铁插入或抽出线圈的瞬间，线圈中产生了电流，这是电磁感应现象。1821年，德国人赛贝克（1770—1831）用两种不同的导体联成闭合电路，发现当两个接头处的温度不相同时，在导体内部就有电流通过，温差越大，电流也就越大，这就说明热运动也可以转化为电运动。1883年，法拉第又发现电流具有化学效应，可以用于电解和电镀。人们在社会实践中积累起来的这些关于各种运动形式转化的丰富经验，为总结能量守恒和转化定律积累了丰富的材料。虽然这些丰富的材料从各个不同的角度说明了不同运动形式之间的相互转化，但没有人将它从理论上加以概括。德国医生出身的迈耳没有盲目地跟随当时盛行的"热素说"，而是在这些研究成果的基础上，通过分析各种能量（当时叫作"自然力"）之间相互转化的25种情况，并经过亲身的实践，于 1842 年在《论无生物界的力》一文中正式提出了能量守恒原理。赫尔姆霍茨、焦耳等人也在同一时期发现了能量守恒定律。

"能量守恒和转化定律的发现"说明，作为自然科学重大发现之一的能量守恒和转化定律是在以往许多经验材料的基础上概括出来的，如果没有前人所积累的丰富的科学实验材料，德国科学家迈耳等人就不可能发现能量守恒和转化定律。当然，如果没有人把以往科学实验所取得的丰富感性材料加以概括和总结，上升到理性认识的高度，人类也不可能发现这个重要定律。

（二）再从认识到实践

认识发展规律的第一步是从实践到认识，也就是从感性认识飞跃到理性认识。与第一步不同，认识发展规律的第二步是从认识到实践，也就是从理性认识飞跃到实践。那么，什么是理性认识？理性认识有哪些不同于感性认识的特点？理性的高级形式又是什么？感性认识与理性认识的关系是怎样的？

理性认识的形式、特点和它的高级形式。人们认识世界的目的是为了改造世界，而要有效地改造世界，单凭感性认识是远远不够的，因此必须使感性认识上升到理性认识，实现认识过程中的第一次能动的飞跃。正如毛泽东在《实践论》所说："认识有待于深化，认识的感性阶段有待于发展到理性阶段——这就是认识论的辩证法。"理性认识是人们对事物的本质、全体和内部联系的认识，通常表现为形成概念和运用概念进行判断、推理的思维过程。理性认识是认识的高级阶段。与"感性认识"相对，理性认识包括概念、判断、推理三种形式。从概念到判断再到推理，是理性认识由低级到高级的发展。概念是理性认识的起点，也是人的理性思维的细胞，它是客观事物的一般属性、内在本质在人的思维中的反映。概念是在感性认识的基础上，通过对各种感觉材料进行抽象和概括，把那些偶然的、易变的、个别的和非本质的东西舍弃，把那些必然的、稳定的、普遍的和本质的东西集中揭示出来而形成的。与感性认识相比较，概念表面上看来好象离客观事物更远了，其实是更深刻更完整地反映了客观事物。毛泽东在《实践论》中指出"概念这种东西已经不是事物的现象，不是事物的各个片面，不是它们的外部联系，而是抓着了事物的本质，事物的全体，事物的内部联系了。概念同感觉，不但是数量上的差别，而且有了性质上的差别。"当然，概念本身有科学概念与非科学概念之分，前者是对事物本质的正确揭示，后者则往往是对事物本质的歪曲反映。科学概念的形成，意味着认识由感性阶段发展到了理性阶段。判断是对事物之间的内在联系或关系的反映，是对事物是什么或不是什么、是否具有某种属性的判明和断定。从逻辑形式上看，判断是从概念发展而来的，并表现为概念之间特定形式的联系和结合。虽然概念所反映的也是事物的本质，但它还没有作出任何断定，其对事物本质的反映还是不充分的。如果不发展为判断，概念的内容就不能得到明确的揭示，甚至一个概念是不是反映事物本质的科学概念也还不能确定。作为概念的展开，判断也是对对象的规定的揭示和陈述，并通常表现为以肯定和否定的形式对事物的存在、性状、关系等方面加以判定。判断从个别判断经由特殊判断而过渡到普遍判断，是人类科学认识发展的一般进程。推理是由一个或一些判断过渡到新的判断的思维活动，是从事物的联系或关系中由已知合乎逻辑地推出未知的反映形式。从逻辑形式上看，判断表现为由概念构成的判断之间的一定的联系或关系。推理的结果，表面上看来是概念在判断中的位移，但这种位移实际上是新的判断的形成，它通过揭示客观世界的新的联系，又使原有概念的规定更加充实和具体，甚至还可以浓缩成新的概念。作为一种理性思维活动，推理有自己的特殊形式，即"逻辑的式"。但是，这种"逻辑的式"不是人的头脑中固有的先验形式，而是客观事物的逻辑以亿万次实践为中介而内化到人的头脑中来的。正是借助于这种"逻辑的式"，推理能够使人们对客观世界的认识由已知领域向未知领域拓展。人们在社会实践中，形成概念，作出判断，进行推理，表现为一系列的抽象概括、分析和综合，这个阶段就是抽象的思维阶段。理性认识具有抽象性、间接性和普遍性的特点。所以，毛泽东在《实践论》总结道："重复地说，论理的认识所以和感性的认识不同，是因为感性的认识是属于事物之片面的、现象的、外部联系的东西，论理的认识则推进了一大步，到达了事物的全体的、本质的、内部联系的东西，到达了暴露周围世界的内在的矛盾，因而能在周围世界的总体上，在周围世界一切方面的内部联系上去把握周围世界的发展。"要使感性认识向理性认识飞跃，必须从以下两个方面着手：一方面，必须在实践中获取十分丰富和合乎实际的感性材料，这是实现由感性认识能动地飞跃到理性认识的基础和前提。而要做到这一点，人们就必须深入实践，进行广泛而扎实的调查研究，尽可能全面地收集和占有关于客体的感性材料。另一方面，还必须运用理论思维对感性材料进行科学的抽象和概括，这是实现由感性认识能动地飞跃到理性认识的必要途径。毛泽东在《实践论》中指出："要完全地反映整个的事物，反映事物的本质，反映事物的内部规律性，就必须经过思考作用，将丰富的感觉材料加以去粗取精、去伪存真、由此及彼、由表及里的改造制作工夫，造成概念和理论的系统，就必须从感性认识跃进到理性认识。"可以说，没有理性思维对感性材料"去粗取精、去伪存真、由此及彼、由表及里"的"改造制作"工夫，就不会有真正的理性认识。理性认识在感性认识的基础上，经过这样一番的改造制作，使认识产生一个质的飞跃。

上述表明，作为认识发展规律的两个阶段，感性认识和理性认识之间有着质的区别，它们分别属于对于事物的现象和本质的反映。但是，在实际的认识活动中，这两种形式又总是统一的，它们相互依存、相互渗透、相互转化。

感性认识与理性认识的辩证关系。感性认识和理性认识二者性质不同，但他们又不是互相分离的，而是统一的认识过程中的两个阶段，彼此互相依存、互相渗透、缺一不可。感性认识和理性认识的这种统一，是由客观事物的本性和认识的规律决定的。任何事物，都是现象与本质两个方面的统一。现象是事物的外部联系，本质是事物的内部规定，任何本质都必须通过现象表现出来。既然认识的任务是透过现象认识本质。那么如何才能做到这一点呢？事物的现象是暴露在事物外部的东西，看得见，摸得着，当它作用于我们的感官的时候，就能直接反映到我们的头脑中来；事物的本质却是隐藏在事物现象后的东西，看不见，摸不着，不是单凭我们的感觉就能发现得了的，只有通过抽象的思维才能发现。所以说，认识的过程就是感性认识和理性认识互相渗透、互相依存的辩证关系。总的来说，这种辩证关系表现在三个方面：第一，理性认识依赖于感性认识，理性认识必须以感性认识为基础，离开了感性认识，理性认识就成为了无源之水，无本之木。坚持理性认识对感性认识的依赖关系，就是坚持了认识论的唯物论。第二，感性认识有待于发展和深化为理性认识。认识的真正的任务就在于经过感性认识达到理性认识，把握事物的客观规律性，然后运用对这种客观规律性的认识去能动地改造世界。也就是说，只有感性认识发展到了理性认识才能使认识更加深刻、更加正确、更加全面地反映客观事物，才能把握住事物的本质。列宁曾说："一切科学的（正确的、郑重的、不是荒唐的）抽象，都更深刻、更正确、更完全地反映自然。"第三，感性认识和理性认识相互渗透，相互包含，二者的区分是相对的，人们不应该也不可能将二者截然分离。在实际的认识过程中，感性中有理性，理性中又有感性。需要指出的是，尽管感性认识与理性认识是辩证统一的关系，即使感性认识中所渗透的理性成分再多，感性在总体上仍然停留在反映事物现象的初级水平上，还没有把握到事物的本质和规律。感性认识和理性认识是辩证统一的，统一的基础就是实践。毛泽东在《实践论》中指出："认识过程中两个阶段的特性，在低级阶段，认识表现为感性的，在高级阶段，认识表现为论理的，但任何阶段，都是统一的认识过程中的阶段。感性和理性二者的性质不同，但又不是互相分离的，它们在实践的基础上统一起来了。"感性认识是在实践中产生的，由感性认识到理性认识的过渡，也是在实践的基础上实现的。毛泽东在《实践论》

中随后指出："我们的实践证明：感觉到了的东西，我们不能立刻理解它，只有理解了的东西才更深刻地感觉它。感觉只解决现象问题，理论才解决本质问题。这些问题的解决，一点也不能离开实践。无论何人要认识什么事物，除了同那个事物接触，即生活于（实践于）那个事物的环境中，是没有法子解决的。"忽视实践在感性认识与理性认识中的作用，就必将割裂二者的辩证统一关系，最终走向唯理论和经验论，在实际工作中就难免会犯教条主义和经验主义的错误。在哲学史上的经验论和唯理论都不懂得感性认识的重要性，唯理论否认感性认识的重要作用，片面夸大理性认识的作用；经验论则夸大感性认识的作用，否认理性认识的重要性。

如何把感性认识与理性认识统一起来。感性认识和理性认识怎样才能统一起来呢？辩证唯物主义认为，认识论是在实践的基础上把感性认识和理性认识辩证地统一起来，是在实践的过程中实现的。没有实践就没有对事物的现象的感觉，没有感觉就谈不上对事物的本质的理解。所以，感觉离不开实践，理解也离不开实践。我们对事物的理解，首先是形成概念，而任何概念的形成，都是在实践中多次反复接触事物的大量现象的结果。至于对各种自然规律和社会规律的认识，更需要在长期的生产实践和阶级斗争中，积累了成功和失败两个方面的经验教训以后，才能逐步地解决。从认识的过程看，理解是在取得了感觉材料以后的抽象思维，但不能认为有了一些感觉材料以后，就可以关起门来冥思苦想，不再需要到实践中去了。事实上，事物的情况错综复杂，在我们认识事物的过程中，感觉和理解是在实践的基础上不断相互作用的。当着我们根据已有的感觉材料去理解的时候，经常会发现这些感觉材料还是不完全、不充分或不真实的，不足以说明事物的本质，这就需要继续到实践中去感觉，然后再进一步去理解，直到完全正确地认识事物的本质为止。总之，感觉和理解都离不开实践，只有在社会实践过程中，我们才能使感觉不断地上升到理解，最后把感性认识和理性认识统一起来，达到对事物的本质的正确理解。人类认识发展的历史告诉我们，不论对于任何事物，只有通过变革现实的实践，才能接触它的现象而获得感性认识，也只有通过变革的实践，才能暴露它的本质而达到理性认识。这是任何人都走着的认识路程。无论什么人要认识什么事物，不同那个事物接触，不生活于它的环境之中，不参加变革它的实践，是没有办法解决的。

在马克思主义哲学之前，各个哲学派别对于认识的感性阶段和理性阶段的区分和联系，已经有了一定的认识和研究，但最终都不能给予科学的解决。近代欧洲哲学史上的"经验论"和"唯理论"都各执一端，他们或是片面夸大感性经验的重要性，轻视理性认识，或是把理性认识看成是唯一可靠的认识，极力地贬低感性认识。"经验论"和"唯理论"都不了解认识过程中感性和理性的辩证统一。著名的哲学家康德看到"经验论"和"唯理论"各自在认识问题上的片面性，他试图加以克服，但是他却最终得出了人的认识是有限的，只能认识现象而不能认识"自在之物"的理论，所以康德否认人类的认识具有彻底性，否认人能够彻底认识世界的可能，承认认识具有不可知性。但是，康德关于认识的能动性思想是一个伟大的贡献，后来著名的哲学家费希特、黑格尔等人在唯心主义的基础上加以发挥。黑格尔认为认识是绝对精神的自我认识，认识的主体和客体都是精神本身，他在《小逻辑》中指出："所谓认识不是别的，即是知道一个对象的特定的内容。"只有当把表象上升为思想，并把思想转变为理念时，才能把握对象的特定内容。他在唯心主义基础上，对认识发展过程作了辩证的考察，对认识的一般发展过程在辩证法方面有理论贡献。辩证唯物主义克服了直观唯物主义和唯心主义在认识问题上的错误和缺点，在实践基础上把认识看作是一个辩证发展的过程，从而对认识作出了科学的规定和解释。它明确指出实践是认识的基础，认识是人脑对客观现实的映像，"一切观念都来自经验，都是现实的反映——正确的或者歪曲的反映"。但认识不是一种直接的、简单的、完全的反映，而是一系列的抽象过程，即概念、规律等等的构成、形成、过程。一切真实的认识就在于：我们在思想中把个别的东西从个别性提高到特殊性，然后再从特殊性提高到普遍性，从有限中找到无限，从暂时中发现永久。列宁曾经指出"认识是思维对客体的永远的、无止境的接近。自然界在人的思维中的反映，要理解为不是'僵死的'，不是'抽象的'，不是没有运动的，不是没有矛盾的，而是处在运动的永恒过程中，处在矛盾的发生和解决的永恒过程中"。认识不仅具有客观性和能动性，而且还具有有限性和无限性、相对性和绝对性的统一。除此之外，认识还具有社会性和历史性，社会历史条件达到了什么程度，人的认识就会达到什么程度，人的认识依赖于社会实践，依赖于人的历史的发展。社会实践不仅是推动认识发展的动力，也是检验认识是否具有真理性的最终标准。

　　进化论创立者、著名生物学家达尔文在年轻时曾被父亲送到剑桥大学学习神学，但他对于课堂上讲授的空洞教义和各种神学书籍并不感兴趣。1831 年，达尔文走出校门，参加了"贝格尔"号军舰的环球航行。

　　在随"贝格尔"号军舰航行期间，达尔文跨大海，登高山，涉溪水，入丛林，过草地，采集动植物标本，挖掘生物化石，发现了大量前人未曾记载的新物种，积累了极为丰富的生物学原始资料。在南美洲时的一些发现对达尔文的认识产生了深刻的影响。他发现，当地一种动物的化石与现在的犰狳很相似；整个南美洲自北而南，同类动物的形貌递相不同；加拉帕戈斯群岛的大多数生物都具有南美洲的特征，而各个小岛上的同种动物又略微不同。对于这些现象，达尔文认识到用物种不变论、神创论都是无法解释的。他经过反复的思考，终于摒弃了上帝创造万物并且永远不变的观念，试图用自然力量作为原因来分析和解释物种变化问题。1836 年，达尔文终于带着一种经过长期实践和反复认识而逐渐形成的科学见解——"植物和动物的种不是固定的，而是变化的"——回到了英国。他说："科学就是整理事实，以便从中得出普遍的规律或结论。"

　　从 1837 年 7 月达尔文开始写第一本关于物种起源的笔记，到1842 年，他写出了 35 页的草稿，1844 年又将草稿扩大到 230 页。此时达尔文的进化论思想已经基本上形成。此后，他进一步对这个问题进行了深入探讨和潜心研究。1856 年，达尔文开始著述《物种起源》，到 1859 年 11 月，这本累积了达尔文 22 年心血的巨著终于问世，在生物学界完成了一场伟大的革命。达尔文之所以能够提出以自然选择学说为基础的生物进化理论，正是他坚持不懈，对大量材料进行深入思索和研究的结果。在大自然面前，达尔文是个有心人。他善于在人们司空见惯但又不留心去考察的自然现象中发现问题，而且善于把许多普通的事物联系起来，从中概括出科学的真理。达尔文看到，一切生物都受到生存环境的影响和生物之间生存竞争的制约。在动物界，狼吃羊，羊吃草，狼贪狼善跑，而羊则听觉灵敏，一有动静即狂奔而逃；刺猬弱小，却有带刺的铠甲护身，食肉者纵使垂涎三尺，也无法下口；犰狳笨拙，却有长舌可以伸进蚁穴捉蚁为食。在植物界，有的植物年产1000万颗甚至更多的种子，然而只有极少数可以成活；干旱地区的植物，有发达的根系，有能减少水分蒸腾的叶片；水中的植物有特殊的呼吸功能；寄生植物依寄主为生，也会杀死寄主；密集的树林，树干竞相上长，直而又细，相反则粗而壮。达尔文从这些自然现象中总结得出一种看法：适应是各种生物生存的基本条件，在生存竞争如此激烈的生物界中，适者生存。

达尔文对于自然界的观察非常精细。他善于抓住很多在表面上微不足道又与当前研究没有关系的事物，并以此作为研究起点。有一次，达尔文在整理家鸭与野鸭的标本时，将它们的全部骨骼比重进行了比较，结果发现家鸭的翅骨较轻，足骨较重。他进一步扩大了观察和比较的范围，发现几乎所有家畜的耳朵都是下垂的，而野生动物的耳朵却是向上翘起的。通过对这些事实进行分析和综合，达尔文发现，所有动物身体各部分的发育状况，由于受到不同环境的影响，从而产生不同的适应能力。家鸭飞翔少，走路多，这就使其翅膀的功能逐步退化，足却变得发达起来。家畜的耳朵下垂，是因为它们生活在比较安全的地方，不受惊，不需要耳肌的缘故。野生动物由于经常要提防猎人的捕获和其他天敌的袭击，时刻处于胆战心惊的紧张状态，随时要做好逃跑的准备，这样它们的耳肌便变得发达起来。根据这些事实，达尔文概括出了自然选择的理论。适者生存和自然选择是达尔文进化论的基本内容，而这些规律的获得正是建立在他对科学事实进行深入思考和分析的基础上的。

达尔文之所以能够创立生物进化论，不仅仅在于他勤于观察，获得了关于生物变化的大量感性材料，还在于他面对这丰富的感性资料勇于探索、善于分析概括。如果不善于对所获得的感性事实加以分析概括，达尔文就不可能找出丰富多彩的生物之间的必然联系，就不可能创立生物进化论。

（三）认识发展的规律

认识运动的总过程：由实践到认识，再由认识到实践经验，如此实践、认识、再实践、再认识，循环往复以至无穷，人的认识从简单到复杂、从低级到高级不断向前发展。人们的认识之所以要经过多次反复才能完成，是因为：第一，从认识的对象看，任何具体事物都不是单一的，而是复杂的，多方面的。任何客观事物的发展及其本质的暴露都有一个过程。因此，人们对事物的认识也需要一个过程。第二，从认识的主体来看，人们的认识受到自己实践范围、知识水平、技术水平、思维能力、世界观和方法论、以及主观努力程度等多方面的限制。所以，人们对于客观事物要想取得比较正确的认识，必须经过实践和认识的多次反复才能完成。

人类认识过程具有反复性和无限性。认识过程的反复性是指，人们对于一个复杂事物的认识往往要经过由感性认识到理性认识、再由理性认识到实践的多次反复才能完成。这是因为在认识过程中始终存在着主观和客观的矛盾。对于认识过程的反复性，毛泽东在《实践论》中指出："实践、认识、再实践、再认识，这种形式，循环往复以至无穷，而实践和认识之每一循环的内容，都比较地进到了高一级的程度。"认识过程的反复性告诉我们，每个人都不免犯错误。因为我们每个人都受主客观条件的制约。在自然科学的发展中，对于某一自然现象的认识，往往需要经过实践、认识、再实践、再认识的多次反复，才能形成比较科学的理论。认识社会生活更是如此。例如，关于地球的形状，最开始人们以为"天圆地方"，后来经过漫长的科学探索和不断反复认识，人们终于发现地球不是方形的。认识发展的无限性是指，对于事物发展过程的推移来说，人类的认识是永无止境、无限发展的，它表现为"实践、认识、再实践、再认识"的无限循环，由低级阶段向高级阶段不断推移的永无止境的前进运动。这种认识的无限发展过程，在形式上是循环往复，在实质上是前进上升。认识发展的无限性告诉我们，我们必须重视理论创新，不断吸取新的实践经验、新的思想形成新的认识。

认识过程的反复性和无限性说明，人类的认识不是直线的前进和垂直的上升，而是波浪式的前进和螺旋式的上升。正是在这种认识的辩证运动中，人类通过现象认识本质、通过相对认识绝对、通过有限认识无限，发展着自己的认识成果和客观真理体系；同时又不断创造新的认识工具，完善自己的认识结构，更新自己的思维方式，推动着人类的认识系统和实践境界不断迈向新的阶段。

在人类认识科学真知的发展过程中，同样和毛泽东在《实践论》中所指出的那样，科学认知的发展经历了由感性到理性……再由理性回到实践的无限反复，这表明人类认识科学真知的过程是非常曲折的。

天花是最早被人类记载的一种烈性传染病，人类对天花的认识早期是比较感性的。早在 3000 多年前的古埃及，就曾留下了天花流行的痕迹。在古埃及法老拉美西斯五世的木乃伊上，考古学家在其脸部找到了有天花的印记，通过考古学和病理学的研究，证明了这可能是人类历史上目前所能找到的最早的一个天花病例。在人类历史上，天花的大规模流行常常伴随着战争而来，但天花所造成的死亡人数却远远超过了战争。公元 165 年，一场可怕的瘟疫席卷了整个罗马帝国，它整整肆虐了 15 年，杀死了意大利全国人口的 1/3。那些在瘟疫中幸存的人不是眼睛瞎了，就是面部严重变形。公元 846 年，在入侵法国的诺曼人中突然爆发了天花，诺曼人的首领只好下令将所有的病人统统杀死。11 世纪，罗马教皇组织十字军远征，也是这种可怕的传染病致使十字军几乎全军覆没。1519 年，当西班牙军队入侵美洲时，他们带去的不仅仅是枪炮，更带去了天花这种秘密武器。结果，美洲土著人认为这是神的意志，是神站在了入侵者的一方，因此他们放弃了抵抗。

由于人类对天花的认识尚浅不足以形成理性的认识，因此天花在中世纪欧洲人民的心中留下了阴影。18世纪时，天花在欧洲流行了数十年，导致6000万人的死亡。在当时，欧洲幸存下来的人中平均每5人就有一位是"麻脸"。不仅是平民，许多皇族权贵人物也逃不过天花。法国国王路易十四曾经得到了一枚非常名贵的钻石，名为"蓝色希望"，路易十四只戴了一次，不久后便得天花身亡，这枚名贵的钻石从此也成了邪恶的代名词，以至于以后无人再敢去碰它。在那个时期，英国、俄国、德国的几位国王也都死于天花。在随后的几百年间，天花的数次大流行夺去了欧洲3亿人的生命，而20世纪所有的大战死亡人数最多几千万，还不及因患天花死亡人数的1/3。

我国古代人民最早关于天花的认识是始于晋代葛洪的《肘后备急方》。天花大约是在公元1世纪的战争中由俘虏带来的，所以当时被称作"虏疮"。唐宋以后，天花在中国逐渐传播起来。明代以后，由于交通发达，人员往来频繁，天花的传播范围更广。满族人入关之前，因为没有受过天花的侵袭，不具有免疫力，以至于他们因为害怕得上这种病而不敢出征。据史料记载，清朝的顺治皇帝和同治皇帝都是死于天花。

天花严重威胁着人类健康，因此，人类在很早就已经开始研究和摸索防治天花的方法。据中国古代医学文献记载，北宋真宗年间，天花流行比较严重，当时的丞相王旦担心自己的小儿子感染天花，当听说四川峨嵋山有一位道士有预防天花的仙方时，便派人将道士请到府中。这位道士拿出一些药末，倒在一个小竹管里，拿起小竹管将药末吹到小孩的鼻孔里，并说种了这个以后，过十天大概会发烧，然后会出现一些红色的皮疹，再过几天，烧退疹消，小孩今后就不会再得天花了，后来果然如此。其实，所谓的"仙方"并不是什么神丹妙药，而是用天花病人身上的干痂研磨制成的粉末。将这种含有天花病毒的粉末吹入小孩的鼻内，他就会染上轻度天花。这样，体内有了抵抗力，就不会再得天花了。我国古代将天花称为"痘"，将道士的这种预防方法称为"种痘"。古代医学家的基本思想就是以毒攻毒，也就是取已经得过天花人的天花种植在没有得过天花的人身上。由于它带有毒性，人接触了一定量的有毒物质后就获得了对毒物的抵抗能力。可以说，这其中包含了比较朴素的免疫学思想，这表明人们对天花的认识已经有了更加进一步的认识。鼻苗种痘的方法到了唐代已经趋向成熟，但主要还属于在民间秘传，并没有广泛应用。到了明代以后，人痘接种法开始盛行起来。在清代，康熙皇帝十分重视人痘预防天花的推广，有关幼儿种痘的方法也被收入了钦定的医学教科书，官方的提倡和推广使得接种技术有了很大的提高，这也充分说明较为朴素的免疫学思想只有经过实践的检验和发展才能发展为更加成熟的想法和认知。

人痘接种法的发明，不但有效地保护了我国儿童的健康，而且不久就传到了国外。清康熙年间，俄国医生到北京来学习种人痘的方法，以后此法便由俄国传入土耳其。18世纪，一位英国驻土耳其的公使夫人，先后给她3岁和5岁的孩子接种了人痘，并致信英国王妃，希望推广这个技术。这一年人痘接种在英国也获得了承认。人痘接种法无疑是中国人民最伟大的医学创造之一，它造福于全人类并促进了医学的新发展。这种方法曾经有效地预防了无数次天花流行，也使许多人免于麻子、残疾等天花后遗症的困扰。但是，从中国传出治疗天花的办法与现代接种技术相比仅仅算个雏形。在后来的实践中，人们又发现了一种新的接种技术——英国牛痘接种法，这种接种技术是人痘接种法的一次重大革新，表明了人类对于天花预防的科学认知又有了新的质的飞跃。

18世纪，欧洲天花横行，人们因天花难以遏制的传染而陷入惶恐。而当时从中国传去的人痘法并没用被广泛采用。同时，人痘接种还是具有一定的危险性，因为在古代人们对于病毒的特性还不太了解，对于减毒的效果也不能确定，有时候由于人痘没有完全被减毒，接种以后反而可能就感染天花了。那么，能否找到一个更有效、更安全的办法来杜绝可怕的天花呢？英国的一位乡村医生爱德华·琴纳开始了对这个难题的艰难探索。有一天，一位姑娘到琴纳的诊室看病，琴纳判定姑娘患的是天花，但姑娘却坚决地肯定自己得的不是天花。因为在她们的奶牛场，几十个女工从来都没有得过天花，只不过是在手上长过小痘疮。牛痘是牛的一种轻微传染病，发病时在牛的乳房附近会长出脓疱，挤奶时会通过伤痕而传染到人的手指。有意思的是，凡是患过牛痘的人就不会再患上天花了。这次意外收获让琴纳产生了灵感：挤奶女工身上的小痘疮和天花到底有什么关系？通过仔细观察琴纳发现，牛身上长出的牛痘水疱和天花病人身上的症状十分相似。这使他进而想到是不是有可能给人接种牛痘呢？1796年5月14日，琴纳在自己47岁生日的这一天给一位8岁的男孩接种牛痘。琴纳用小刀在小孩上臂的皮肤上轻轻地划了一道刀痕，然后十分小心地将他从牛奶女工那里获得的出痘的浆液轻轻地涂抹在男孩皮肤的刀痕处，完成了牛痘的接种。随后的一段时间，琴纳对这个接种了牛痘的男孩进行了严密的观察，从种痘到结痂、长脓包到最后脱痂，牛痘接种成功了。但同时一个新的问题又摆在了琴纳的面前：种了牛痘的人是不是就一定不会得天花呢？为此，琴纳又进行了更深入的研究。他给种了牛痘的男孩又接种了天花，半个月过去了，被接种天花的那个小男孩安然无恙。人类历史上第一次接种牛痘预防天花的试验终于成功了。这是人类数千年来向天花病毒发起的最大反击，被医学家们称为"死神的帮凶"的天花终于被人类征服了。

一切科学真知的发展都有可能经历曲折，虽然琴纳的牛痘技术获得了成功，但是这种先进的技术不但没有马上推广还受到了阻碍。当牛痘技术试验成功后，琴纳为附近的村民们免费接种牛痘。但在当时，教会认为琴纳的发现违背了上帝的旨意，因为这意味着作为万物之灵的人的命运居然要取决于牛脓疱疮。伦敦上流社会的人们也对此不理解。面对这一切，琴纳选择了保持沉默。他回到家乡，继续为村民们免费种牛痘。1798 年，英国、法国、俄国等地区又流行天花，这时经过琴纳接种牛痘的人已达到 2 000 多人。在这次天花流行期间，这 2 000 多人没有一个人被传染天花，琴纳牛痘接种法的成功再一次得到了印证。由于琴纳的牛痘接种法简便、安全而且高效，十几年间迅速传遍欧洲各国和美洲大陆。1803 年，西班牙还特地派遣医疗船队向所有海外属地推广实施牛痘法。1805 年，牛痘接种法传入中国，逐渐取代了人痘接种。随着接种牛痘法在中国的不断推广，1961 年中国全面消灭了天花。1979 年 10 月 26 日，世界卫生组织宣布天花已经从地球上彻底根除。

天花的消灭让我们记起了琴纳在 200 年前说过的一句话，这句话在当时的人们看来只是个遥不可及的梦想——"虽然我没有十足的信心，但请容许我祝贺国家和普通大众，一种方法将能使一个每小时都夺走人命的疾病，一个被视为人类最严重灾祸的疾病，从地球上永远销声匿迹。"在人类历史上，天花长期以来是危害人类生命健康的一个最严重的疾病，但经过不懈的努力，从 18 世纪起人类用了 170 年的时间，通过接种牛痘，最后战胜了天花。这是到目前为止人类历史上用人工方法消灭的唯一疾病。战胜天花是人类医学史上最伟大的事件之一，作为牛痘接种法的发明者，琴纳并没有看到这一天。不过，在他去世后，人们在他的墓碑上刻下了这样一句话：向母亲、孩子和人民的恩人致敬！

这个案例充分说明，人的认识是一个辩证发展的过程，具有反复性和无限性，不是一次就能够完成的。

第三节　触及真理

追求真理是人类自身的规定。历史上，无论是思想家、哲学家、科学家还是革命家都穷其毕生精力追求真理，毛泽东也不例外。但他发现真理也分绝对真理和相对真理，他在《实践论》中论述了绝对真理和相对真理的相互关系问题。他指出"在绝对的总的宇宙发展过程中，各个具体过程的发展都是相对的，因而在绝对真理的长河中，人们对于在各个一定发展阶段上的具体过程的认识只具有相对的真理性。无数相对真理之总和，就是绝对真理。"文中强调，客观现实世界的变化运动永远没有完结，人们在实践中对于真理的认识也就永远没有完结。马克思列宁主义并没有结束真理，而是在实践中不断地开辟认识真理的道路。我们要想追求真理，掌握真理，就必须首先了解什么是真理以及真理的性质。

（一）什么是真理

真理的本质。"实践、认识、再实践、再认识……"的认识辩证运动过程，实质上是人们在实践的基础上不断探索、发现和检验真理的过程。真理是指认识主体对认识客体的本质及其规律的正确反映。真理既包括正确的理性认识，也包括正确的感性认识。一个认识是不是真理，主要地取决于它是否正确地反映了客观事物。至于它所反映的是事物的现象还是事物的本质和规律，那是关乎深刻程度方面的问题。即使是像"今天是晴天""这是一棵树"这样的很肤浅的、单纯描述性的认识，只要与客观事物的实际情况相符合，它们同样也是某种"事实真理"。当然，真实的认识是真理的前提，一切真理都必然是真实的认识，但并不是一切真实的认识都是真理。对客观事物的真实的反映，不仅包括对客观事物的现象的真实的反映，也包括对客观事物的本质的真实的反映。承认这一点，并不妨碍在大多数情况下，人们使用真理概念时所指的主要是对客观事物的本质和规律的正确反映。由于真理能正确反映事物的本来面目和真相，谁掌握了真理，谁就掌握了"成功"。所以，人类的认识活动从总体上讲是为了获得真理，并用真理指导实践，最终获得实践上的成功。真理是与"谬误"或"错误"相对的。

真理具有客观性。作为对客观事物的正确反映，虽然真理是对客观事物的正确反映，但是真理仍然属于人的意识和思维活动的产物，不能把真理和客观事物混为一谈。真理既然是一种认识，既然是人的意识和思维活动的结果，真理在形式上就是主观的。那么，什么是真理的客观性呢？真理的客观性是指真理所反映的对象是不依赖于认识主体而客观存在的，真理性的认识中包含有不依人的意志为转移的客观内容。真理都具有客观性，凡是真理都是客观真理。列宁曾说："有没有客观真理？就是说，在人的表象中能否有不依赖于主体、不依赖于人、不依赖于人类的内容？"这就是说，作为人的正确认识，真理当然具有人类认识的一些主观形式，它要通过感觉、知觉、概念、判断、理论等主观形式表达出来。但是，使一种认识成为真理的决定性条件，却并不在于它采取何种主观形式，而在于它的客观内容，即在于它正确地反映了客观事物。所以，客观真理是从正确认识的客观内容或者客观源泉这个方面来说明真理的。第一，真理的内容是客观的。真理作为一种主观的思想形式，是把不以人的意志为转移的外部客观世界作为认识对象的。真理最根本的特征就在于对客观事物的本质和规律的正确揭示，就在于思想与客观事物的本质和规律的一致性。所以，真理具有客观性。第二，检验真理的标准也是客观的。实践是检验真理的唯一标准，凡是能够经得起实践检验、得到实践的证实、主观同客观相符合，这种认识就是真理。坚持客观真理论，也必然承认在真理面前人人平等。"在真理面前人人平等"这一命题，包含着这样两层含义：其一，无论是对什么事物的认识，客观真理都只有一个，任何人、任何阶级要想发现真理和发展真理，都只有采取老老实实的科学态度，真理决不会因为某个人的地位和权势对其发生改变；其二，真理对于任何个人、任何阶级都一视同仁，人们只有尊重真理并按真理办事，才能在实践中取得成功。当然，人们的阶级利益、社会地位、知识状况，对发现真理、发展真理和运用真理是有很大影响的，社会地位高、知识水平高的人会很容易发现真理、很轻松地运用真理。

真理具有一元性。坚持客观真理论，必然坚持真理一元论，即承认在同一条件下人们对同一客观事物的真理性认识只可能有一个而不可能有多个。我们拿最简单的例子来说明真理的一元性：我说这片叶子是绿的，那么这个叶子它必定是绿色的，决不可能是别的什么颜色，在同一条件下我对这片叶子颜色的真理性认识只可能有一个。真理之所以是一元的，就是因为真理的内容是客观的，这种客观内容也就是客观事物的实际状况，而特定条件下客观事物存在和运动的实际状况又总是唯一的。虽然在人们的认识活动中，由于主体认识角度、立场、观点、方法等有所差异，人们关于同一客体的认识结果往往会有所不同，甚至相反。但是，这并不表明观点不同的每个人都拥有真理。在任何情况下，对于特定实践活动中的特定的认识对象来说，只能有一种认识是与特定的认识客体的状态、本质和规律相一致的，这种认识就是真理。如果否认真理的一元性，坚持真理多元论，主张在同一条件下人们对同一客观事物的真理性认识可以有多个，那就必然否定真理的客观本质。

　　人类探索真理的历史是曲折的，人们关于真理本质的认识经历了相当长的过程。在古希腊，真理这一术语是指公开展现在人的理智之前的东西，具有确实、符合事实的意思。中国古代哲学家通常用同"非"相对立的"是"来表达认识的真实性。自古以来，真理就是各派哲学探求的对象。在马克思主义产生以前，唯物主义者从物质世界的客观性和世界可知性出发，认为真理就是人的意识和客观事物相符合。中国先秦时期荀子曾经提出"知有合谓之智"。古希腊哲学家德谟克利特认为，真理和现象是同一的，真理和显现于感觉中的东西毫无区别。哲学家亚里士多德认为，每一个事物之真理与各事物之实是必须相符。但亚里士多德又断言最高真理是思维和理念形式的一致。近代以来，法国的哲学家伽桑狄提出一个著名的论断：真理只是判断和所判断的事物二者之间的一致性。唯心主义者否认物质世界的客观实在性，认为意识、思维是本原，因而认为真理是某种精神实体自身的属性，是意识、思维同自身的同一。客观唯心主义者，古希腊哲学家柏拉图认为真理只能在心灵世界中去寻找，真理是对理念世界的认识。中世纪经院哲学则把真理看作是上帝的属性。在近代，英国哲学家休谟认为，真理是观念和主体感觉的符合。而德国哲学家康德认为真理是思维同它的先验形式的一致。同样的，德国哲学家黑格尔在他的《小逻辑》一书中，虽然强调真理就在于客观性和概念的同一，但他的客观性却是指的是"绝对精神"的客观性。从古希腊的德谟克利特到近代黑格尔，他们虽然都从一定角度上阐述了真理的本质，都有一定的道理，但是他们都始终没有真正达到关于真理本质的理性认识。

　　近现代哲学史上关于真理的认识有两种典型的错误的观点。第一种是阿拉伯哲学家路西德和意大利哲学家托马斯·阿奎那的"双重真理论"。托马斯·阿奎那是 13 世纪意大利多米尼克修会修道士，欧洲中世纪最重要的经院哲学家。他提出并论证了著名的"双重真理论"。托马斯·阿奎那把真理划分为两种真理：一种叫作世俗真理，即哲学和科学的真理，它来自经验和科学实验；另一种叫作神学真理，即神学的宗教的真理，它来自神的启示和信仰。阿奎那认为这两种真理可以同时并存，并进一步指出神学真理要高于世俗真理，信仰高于理性。他说："为了使人类得救，必须知道一些超出理智之外的上帝启示的道理——至于人用理智来讨论上帝的真理，也必须用上帝的启示来指导。凡用理智讨论上帝所得的真理，这只能有少数人可得到，而且费时很多，还不免带着许多错误。但是，这种真理的认识，关系到全人类在上帝那里得到拯救，所以为了使人类的拯救来得更合适、更准确，必须用上帝启示的道理来指导。因此，除了用人的理智所得的哲学理论外，还必须有上帝启示的神圣道理。"托马斯·阿奎那认为，人的自然理性可以是真理，但是往往出错，而且只能认识较低级的事物。关于上帝的更高的真理，只能来自上帝启示，依靠对神的信仰。他进一步认为，神学探究的对象高于理性探究的外部世界；神学的原理是凭借启示直接由神而来的，不需要凭借其他科学；神学的确实性来自神的光照，不会犯错误，而其他科学的确定性来自人的理性，可能犯错误。"双重真理"学说后来被著名的哲学家培根所认同。"双重真理"说的提出，在当时主要是为了使哲学和科学摆脱神学和宗教的束缚，因而具有一定的进步意义。尽管他也认为神学真理的内容是不可更改的，但实际上否定了真理的客观性，在理论上仍然是折衷的。

第二种是极具迷惑性的实用主义真理观。实用主义认为，人的认识、思维是经验的一种方式，是人的适应行为和反应的机能，它并不是对客观世界的主观映像。认识不是要探寻什么客观真理，而是为了求得令人满意的适应环境的效果，使生活愉快、安宁和满足。实用主义哲学的主要代表人物，美国哲学家、心理学家威廉·詹姆士曾指出，人的认识并无"先存的原型"，真理不是客观事物的"摹本"，只是经验与经验之间的一种关系。詹姆士认为，一种观念只要能把新、旧经验联系起来，给人带来具体的利益和满意的效果就是真理。詹姆士说："理论的真理性不是我们心灵与原型的实在之间的关系，它只是心灵之内的事情。""如果有一个概念，我们能用它很顺利地从一部分经验转移到另一部分经验，将事物完满地联系起来，很稳妥工作起来，而且能够简化劳动，节省劳动，那么这个概念就是真的。"詹姆士否认真理的客观性，他认为"纯粹的客观真理是哪里也找不到的"。他说："真理是从经验中产生，并随时随刻代表我们各个人的最有利的反应。"因而，真理也是随环境和个人利益的变化而随时变化的。詹姆士指出："我们今天只能按照能得到的真理去生活，并且准备明天把它叫作是假的。"实用主义哲学的另一个主要代表人物、美国哲学家约翰·杜威认为，思想、理论等等只是一些有待证明的假设，是人们行为的工具，可以由人们根据对自己是否方便、省力而任意选择的。杜威说："所有的概念、学说、系统，不管它们怎样精致，怎样坚实，都必须视为假设，它们都是工具。与其他一切工具一样，它们的价值不在于它们自身，而在于它们所造成的结果中显现出来的效果。"杜威认为这种"工具"不具有客观实在的意义。实用主义真理观具有很强的迷惑性。对于此，我国著名哲学家高清海教授曾经指出这种实用主义真理观存在的问题，即离开主客观之间的符合关系去理解真理。在实用主义者看来，真理所符合的不是和观念相关的事实，而是观念所产生的效果。

唯心主义与唯物主义在真理观上的分歧。真理的客观性原理，是唯物主义认识论的一般原理在真理问题上的具体体现。是否承认客观真理，是唯物主义与唯心主义在真理问题上的根本分歧。一切唯物主义认识论在真理观上都必然承认和强调真理的客观性，都必然坚持客观真理论。正如列宁所说："认为我们的感觉是外部世界的映象；承认客观真理；坚持唯物主义认识论的观点，——这都是一回事。"唯物主义承认外部世界，承认客观实在是人的感觉的源泉，因而认为真理是认识主体对客观对象的反映，他的形式虽然是主观的，但他的内容却是客观的，他是不以主体的意志为转移的。一切科学定律、一切真判断，都是由于它的内容具有客观性才被称为真理。唯物主义之所以承认真理是客观的，是因为它坚持物质第一性、意识第二性，意识是对物质的反映这个最基本的哲学前提。从这一前提出发，就必须承认认识的内容是来自客观世界的，是能够和客观相符合、相一致的。承认了这一点，就等于承认了客观真理。唯心主义否定物质世界的客观存在，否定认识的客观源泉，必定否认客观真理。唯心主义者并不一般地否认真理的存在，而是否认真理的内容的客观性。辩证唯物主义认为，不能把客观与自然界、客观事物及其规律本身混为一谈，客观真理不等同于客观事物。真理是标志主观和客观相符合的哲学范畴。真理既不存在于纯主观中，也不存在于纯客观中，而是存在于主观对客观的反映关系中，存在于主观无限地逼近客观、并与客观相一致的过程中，是主观对客观事物及其规律的正确反映。

"大陆漂移说"是地理学发展史上最重要的理论之一，它拉开了现代地理学革命的序幕。虽然今天我们已经确定无疑地知晓"大陆漂移说"的真理性和科学性，但是这一理论的提出和发展并不是一帆风顺的，它是在其创立者——德国伟大的天文学家、气象学家和地球物理学家魏格纳（Alfred Lothar Wegener，1880—1930）去世近半个世纪之后才几经反复得到承认的。

1903 年，23 岁的魏格纳开始萌生关于大陆漂移的想法。7 年后，他在世界地图上意外地发现，南大西洋两岸的海岸线轮廓极其相似。次年，他又在一本论文集里读到关于巴西和非洲间古生物有联系的文章。他对比了印度、马达加斯加岛和非洲的地层构造，也同样得出某些对应关系。这些"偶然"的问题，像磁石一样吸引着他那善于深思的头脑。他凭着对气象学和天文学研究的经验，确认在自然界中偶然决不会无端产生。于是，已经是气象学家的魏格纳放弃从事多年的气象学，决心揭开大陆生成和地球演化的奥妙。

魏格纳不顾亲朋好友的劝阻，立志钻研。1912 年春，他发表了第一篇研究论文《大陆的生成》，并在同年先后以《从地球物理学的基础上论地壳轮廓（大陆与海洋）的生成》和《大陆的水平移位》为题，作了两次关于漂移说的演讲。但由于他的大陆漂移模式还很不完善，加上强大的传统势力的抵制，人们对于魏格纳的演讲既有火热的赞许，也有冰冷的嘲讽。1915 年，魏格纳的《海陆的起源》一书出版，系统地阐述了"大陆漂移说"的观点，引起整个地学界的震动。魏格纳认为，陆地岩石由较轻的、刚性的硅铝质组成，漂浮在较重的、黏性的硅镁质大洋壳之上。大约 3

亿年前，全球大陆是一块连接一起的原始泛大陆（北部为劳亚古陆，南部为冈瓦纳古陆），后来可能由于潮汐力和地球自转时的离心力影响，到中生代末期（2亿年前），大陆出现裂隙并开始在硅镁层上作向西和离极漂动——美洲西去，大西洋慢慢张开；印度次大陆从南极洲北上与亚洲撞接；亚洲西漂，在东岸留下了大陆碎片，成为今日的岛弧线……一块完整的联合古陆，逐渐形成现有的"七洲四洋"的格局。这就是魏格纳从陆地和海洋的整体关系出发，在考察并综合了气象学、地质学、大气物理学、大地测量学、动物学和植物学等学科研究成果后，提出的大陆漂移假说的主要观点。虽然这个认识模式还很简单，对地球的壳层构造概念还显得模糊，但它首次揭示了陆地和洋底的成因性质，提出地壳除了作垂直运动外，还不停地进行宏大的水平移动的猜想。于是，一个完整的大陆漂移假说从此诞生。

《海陆的起源》一书随着第一次世界大战的结束而一度风靡全球。世界各国不少人专程到德国拜访它的作者，对这位敢于越雷池、闯禁区的青年学者深表钦佩。一时间，魏格纳在汉堡附近的简陋小屋，成为当时对这个问题感兴趣的地球物理学家、生态学家朝圣的地方。但这也为他带来了巨大的压力，除了因为假说的论证还不足以说服反对派而使他陷入苦苦求索外，还因为其革命性思想刺痛了地学界的权威们。他们坚持说，地壳运动仅仅是垂直升降，海陆的相对位置在地球历史中是固定不变的。古生物学家也起来反对，他们用"陆桥"说解释大西洋两岸生物种属相同的事实，认为在亚美两大陆之间原有许多岛屿，宛如连接两大陆的桥梁，使动植物可以从一个大陆越岛旅行到另一大陆，企图以此说明古生物种类在海洋间的差异和大陆间的相似。魏格纳则认为，所以在南半球的几块陆地都发现了早古生代同一种属的生物化石，是因为这些动植物曾经生活在同一大陆（冈瓦纳古陆）的缘故。魏格纳为此提出质问：难道裸子植物的种子会依靠风力而远涉重洋？难道会相信一个"陆桥"就可以进行物种交换？对于地质时期地球上各气候带与今日之不同，寒冷气候的冰川沉积物出现在亚热带地区（如对澳洲、印度、南美和南非冰川遗迹的发现）等问题，他同样用"大陆漂移说"去解释，认为是大陆曾经相对于它们现在的地理纬度发生过移动所造成的，现有的冰川遗迹也不是什么山岳冰川。这种现在看来很反常的现象，气象学是无法圆满解释的，而从大陆漂移的观点看则是顺理成章的事。这些与固定论直接冲突的观点更使魏格纳受到论敌的攻击。

为加强自己的观点，魏格纳还试图用一组说明格陵兰岛与西欧相对位置变化的大地测量数据，来论证大陆漂移的事实。然而适得其反，正是这组在当时条件下难以测量精确的数据招来了最多的责难，并使其假说陷于更大的困境。《海陆的起源》虽然一度风靡全球，但魏格纳在很长一段时间内并没有获得应有的学术地位。直到1924年他已44岁时，才得到了邻国（不是自己祖国）奥地利盖茨大学授予的气象学和地球物理学正式教授头衔。不久之后，他又遇到一场更大的风波。1926年11月，美国石油地质协会专门开会讨论了魏格纳的"大陆漂移说"。在14名权威地质学家中，只有5人支持魏格纳，7人坚决反对，2人保留意见。反对者对假说持贬斥、歪曲的态度，甚至把它讥讽为"积木游戏"，对出席会议的魏格纳本人进行诽谤和人格上的非议。此后，"大陆漂移说"便被认为是"魏格纳狂想曲"，处于奄奄一息之中。

"大陆漂移说"得不到学术界的承认主要有两方面原因：一方

面是因为海陆固定论的影响由来已久，传统学派的势力盘根错节；另一方面是由假说本身的缺陷或某些细节证据不足造成的。首先，要消除固有的偏见是十分困难的。权威们或者由于魏格纳的论证有错误，就全盘否定漂移说；或者拉来其他学科的只言片语作为否定的根据；有的甚至不为自己的理由提出任何说明就断然否定；还有一些浅薄之人竟因魏格纳原是气象学家和天文学家，就把他提出的大陆构造假说，看成外行的"左道旁门"而表示不屑一顾。最使魏格纳苦恼的是，"大陆漂移说"对很多需要说明的问题还缺乏应有的证据。如，不能对地球的深层地震作出合理解释：既然硅镁质构成的洋底是黏性可塑的，为什么还有深层断裂发生？既然大陆是由刚性岩石组成，为什么在美洲陆地西漂而与太平洋洋底撞击时，发生褶皱的是大陆边缘而不是流体的洋底？……同时，由于历史条件的限制，魏格纳当时还不可能对大陆漂移的机制作出准确判断。在魏格纳时代，人类对地球的了解还只限于大陆的浅层，对其深部（包括深海底）基本上是一无所知的。因此，尽管他大胆地假设陆块漂移在流动的层面上，犹如舟行碧波之中，却无法证明那股巨大水平力的来源。他试图用地球自转的离心力和潮汐摩擦力去解释，但是并不成功，后来地球物理学原理也证明上述两种力不可能引起大陆漂移。

后来的科学研究表明，并不是硅铝层漂浮在硅镁层之上，而是包括硅铝层、硅镁层和地幔上部在内的整个岩石圈（地壳），在位于其下的大地幔软流圈上运动，才引起大陆的水平移动。显然，地球陆块这种宏伟漂动的力源主要不是来自地球外部，而应该来自地球内部本身。不过，更具实质性的猜测至今仍在探索之中。

遗憾的是，魏格纳当年为此付出了巨大的代价。他一面不懈地修改《海陆的起源》，于逝世前一年出版了它的第四次修订稿，一面顽强地进行科学考察。1930 年，为了重复测量格陵兰的经度，以便进一步论证大陆漂移，魏格纳第四次奔赴人迹罕至的冰原，结果不幸殉职于极地冰原。

"大陆漂移说"的建立动摇了海陆永恒的自然观，如果说赖尔"第一次把理性带进了地质学"，建立了完整的地质学体系的话，魏格纳创立的"大陆漂移说"则是第二次揭开地学革命的帷幕，标示出地球认识史上的新纪元。然而地球科学的这场革命是非常艰难曲折的，魏格纳逝世之后，漂移说也随之衰落，从此 30 多年无人问津。固定论被视为真理长期坚持，漂移说却被当成谬误抛弃。20 世纪 50 年代，古地磁学的崛起才使"大陆漂移说"再度复兴。大量的古地磁资料有力地证明大陆漂移的事实，科学家又成功地完成了大西洋两缘大陆轮廓的电子计算机拼合，为验证漂移说提供了形象的证据。60 年代，海底扩张说的出现又为大陆漂移的机制提供了更为合乎逻辑的答案。这样，大陆活动论开始取代固定论，魏格纳这位全球构造理论的先驱，也被誉为"地学的哥白尼"而名垂千古。

"真正的知识不是出于他人的权威，更不是来源于对老朽教条的盲目崇拜。"魏格纳不愧是在强大的习俗力量和顽固的传统观念围剿下，不"以圣人之是非为是非"的典范。他和他的学说虽然长期得不到正确的对待，但科学就是科学，是真理终究要闪光的！"大陆漂移说"的案例告诉我们，哪怕是真理也要经过曲折的发展历程。但是真理终究是能够正确反映客观事物本质规律的，是不怕检验的。德国地理学家魏格纳提出大陆漂移说是地理学发展中的创新，是对当时地理学及其相关学科研究成果的综合，其内容具有客观性，并非臆测，但由于证据不足和守旧势力的压制，这个理论几度沉浮，其创立者魏格纳也遭到各种各样的打击。然而，随着自然科学研究的进展，大陆漂移说终于被证明是正确的。

（二）真理都是绝对的吗

一切具体事物和具体过程的产生和存在都是暂时的、有条件的、相对的，只有客观世界的变化发展才是永恒的、无条件的、绝对的。例如，奴隶社会的产生和发展相对于原始社会具有一定的进步性，但奴隶社会的存在仍然是暂时的、有条件的；后来，封建社会的出现代替了奴隶社会，封建社会比奴隶社会更具有进步性，对生产力的发展起到了促进的作用，人们的生活水平比奴隶社会有了很大的提高，但是封建社会的存在依然是暂时的、相对的；随之而来的资本主义社会代表了历史的巨轮代替了封建社会。所以，面对无限发展着的客观世界，面对纷繁复杂变化莫测的世界，人类应该怎样去认识它呢？这个问题，从哲学上讲，就是绝对真理和相对真理的关系问题。毛泽东在《实践论》中论述了绝对真理和相对真理的相互关系问题。他指出"在绝对的总的宇宙发展过程中，各个具体过程的发展都是相对的，因而在绝对真理的长河中，人们对于在各个一定发展阶段上的具体过程的认识只具有相对的真理性。无数相对真理之总和，就是绝对真理。"

绝对真理与相对真理的含义。绝对真理与相对真理是表示真理发展过程的两个哲学范畴。马克思主义真理观认为，任何客观真理都是绝对真理和相对真理的统一。在这里，绝对真理和相对真理并不是两种不同的真理，而是同一个客观真理的两种不同的属性，即真理的绝对性和相对性。绝对真理，又称真理的绝对性，是指对无限发展着的整个客观世界的完全的、无条件的正确的认识。真理是绝对的是因为，一方面，任何真理都标志着主客观之间的符合，都包含着不依赖于人的客观内容，永远都不能被推翻，否则，它就不是真理，这一点是无条件的，因而是绝对的。另一方面，就人类认识的本质来说，认识是无限的，能够正确地认识无限发展着的物质世界的，认识每前进一步，都是对无限发展着的物质世界的接近，这一点也是无条件的，因而也是绝对的。相对真理，又称真理的相对性，它是指在一定时代、一定条件下，人们对客观事物及其规律的正确认识总是有局限的、不完善的。这种认识之所以是相对的，是由于各个具体过程在客观世界无限的发展过程中都是暂时的、有条件的、相对的，人们对它的认识只有在一定时间、地点、条件下才是真理，而且这个真理还需要随着客观过程的发展而不断深化和完善。就每一个人或每一代人来说，人们都只能认识这种相对真理，因为每一个人或每一代人都是在一定历史条件下，在变革客观世界的某一具体过程中从事实践，受着主观和客观的各种条件限制，只能认识无限发展着的客观世界的某些阶段的某些具体过程，并且只能认识到一定的程度。但是，这是不是说绝对真理是根本不能认识的呢？不是的。因为绝对无限发展的客观世界是由无数相对的有限的具体过程所构成的，我们认识了一个又一个具体过程，获得了一个又一个相对真理，也就一步又一步地接近对无限发展的整个客观世界的认识，接近绝对真理。尽管就每一个人或每一代人来说，人们的认识能力是有限的，但整个人类，包括过去、现在、将来的一切人，其认识能力却是无限的。依靠无穷的世世代代人的不断努力，绝对真理是可以认识的。正如绝对的无限发展的客观世界是由无数相对的有限的具体过程所构成的一样，绝对真理是由无数相对真理构成的，它就是无数相对真理的总和。绝对真理并不是同相对真理毫不相干的另一个东西，它就存在于相对真理之中。每当我们获得一个相对真理的时候，也就获得了绝对真理的一个部分。如果我们把绝对真理比作一条没有尽头的长河，那么，相对真理就是汇成这条长河的无数的水滴。

绝对真理与相对真理的关系。绝对真理和相对真理，是同一个客观真理所具有的两种不同属性，真理既是绝对的又是相对的，二者具有辩证统一的关系：

第一，绝对真理和相对真理是互相渗透、互相包含的。相对真理之中包含绝对真理，绝对真理只能寓于相对真理之中。怎样理解绝对真理只能寓于相对真理之中？虽然任何真理都包含着不以人的意志为转移的客观内容，但这个客观内容必然是人们在特定历史条件下所把握到的，都只是对事物的一定范围、一定层次的反映，具有局限性。那种不具有任何相对性的、一劳永逸地完成了对整个客观世界的认识的是根本不存在的。所以，世界上没有离开相对真理而存在的绝对真理，绝对真理只能寓于相对真理之中，二者是相互渗透、相互包含的。怎样理解相对真理必然包含并表现着绝对真理？虽然任何相对真理都是不完善的、有局限的，但它作为真理，毕竟是人们在一定范围内和一定层次上对事物本质的正确认识，包含着一定的客观内容。如果没有一个一个的相对真理，绝对真理就不会存在，也没办法表现出来。绝对真理这条"长河"，是由无数的作为"河段"和"水滴"的相对真理组成的。列宁曾说："绝对真理是由发展中的相对真理的总和构成的；相对真理是不依赖于人类而存在的客体的相对正确的反映；这些反映越来越正确；每一个科学真理尽管有相对性，其中都含有绝对真理的成分"。人类的认识过程，就是不断地从相对真理走向绝对真理的过程，无数相对真理的总和构成了绝对真理这条"长河"。所以，世界上没有不包含绝对真理成分的相对真理，任何相对真理都包含并表现着绝对真理。

第二，绝对真理和相对真理是辩证转化的。绝对真理与相对真理不是两个真理，是同一个客观真理所具有的两种不同属性。真理永远处在由相对向绝对的转化和发展中，这是真理发展的一个规律。任何真理性的认识都是由相对性真理向绝对性真理转化过程中的一个环节。毛泽东在《实践论》中对此有形象的说明："马克思主义者承认，在绝对的总的宇宙发展过程中，各个具体过程的发展都是相对的，因而在绝对真理的长河中，人们对于在各个一定发展阶段上的具体过程的认识只具有相对的真理性。无数相对的真理之总和，就是绝对的真理。"所以，人类认识是一个不断深化的过程，是从相对真理走向绝对真理、接近绝对真理的过程。

在绝对真理和相对真理的关系问题上，历史上曾经历过两种真理观：独断主义和相对主义真理观。二者共同特点是把绝对真理和相对真理对立起来，片面夸大一个方面并使之绝对化，以达到否定另一个方面的目的。其中，独断主义片面夸大真理的绝对性，否认真理的相对性。在它看来，任何真理一旦被确立下来，就是绝对不可移异的东西，不需要、也不应当随着客观对象的变化和人类实践的发展而丰富、充实和深化。显然，独断主义把人类认识长途中的"里程碑"当成了"终点站"，它必然堵塞人类认识进一步发展的道路。与此相反，相对主义则片面夸大真理的相对性，否认真理的绝对性。按照这种观点，只要出现了新的更深刻的真理，原来的真理就被推翻了，就不是真理了，导致一切真理都逃脱不了被推翻的命运，也就无所谓真理，一切真理都不过是暂时被人们权且当作真理的假设罢了。这就否认了真理的客观性，由此走向了主观真理论和诡辩论。

真理的发展。既然人类的认识过程，是从相对真理走向绝对真理过程，那么，真理是如何从相对真理走向绝对真理的呢？真理是如何发展的呢？人类通过相对真理来认识绝对真理的过程，是一个充满矛盾的过程，并且是一个永远不会完结的过程。在客观世界的无限发展中，每一个具体过程都存在着自始至终的矛盾斗争。旧的过程完结了，新的过程又开始了。新的过程又包含着新的矛盾斗争。客观过程的矛盾斗争的发展，必然要反映到人的认识中来，引起人的认识的矛盾斗争的发展。因为人们对每一个具体过程的认识，在绝对真理的长河中，其真理性只能是相对的。当着旧过程转变为新过程，给人们提出了解决新的矛盾的任务时，原有的认识同新的任务的解决就不能完全适应了，于是就产生了主观和客观、认识和实践的矛盾。这个矛盾推动着人们去认识新过程的规律性，认识绝对真理长河中的又一个相对真理，从而达到主观和客观、认识和实践的新的统一，完成历史所提出的新的任务。随着客观过程和社会实践的不断发展，主观与客观、认识与实践的矛盾不断地产生又不断地解决，人们的认识也就不断地向前发展。一切客观世界的辩证法的运动，都或先或后能够反映到人的认识中来。而客观存在的一切矛盾都是能够被我们所认识的。所以，许多过去没有被人们认识的东西，我们今天就会认识；今天还没有被我们认识的东西，将来一定会被人们所认识。客观事物对于人的认识来说，只有已经认识和没被认识、先认识和后认识之分，没有可认识和不可认识之分。

中国古代哲学家、先秦道家哲学的主要代表人物庄子认为，无论人的感觉经验还是理性思维都是相对的，所以人们所说的真理都是相对的，没有绝对的真理。他说，人爱吃牛羊肉，鹿爱吃草，蜈蚣爱吃蛇，乌鸦爱吃老鼠，可见"味"的"正"与"邪"是依认识主体的感觉经验而定的。而人的感觉经验是千差万别的，因而，关于"正"、"邪"并不存在客观标准。所以他说："自其异者视之，肝胆楚越也；自其同者视之，万物皆一也。"（《庄子·德充符》）不仅感觉经验是相对的，理性思维更是如此。《庄子·齐物论》中说：我和你意见分歧，谁是谁非不仅不能由我们两人自己来判明，而且也不能由第三者来判明。因为第三者或是与你的观点相同，或是与我的观点相同，或是与你我的观点都不相同，或是与你我的观点都相同。所以，你我他都不能判明是非。因此，庄子主张"齐是非"。庄子的观点属于相对主义真理观。这种相对主义真理观严重地夸大人的认识的能动性，否认真理的客观性，从而也否定了绝对真理，是相对主义真理论的一种典型的表现形态。

基督教神学认为，真正的真理是对上帝的认识，它来自于上帝的启示，所以真理是永恒的。中世纪基督教神学思想家、经院哲学家托马斯·阿奎那说："如果有这样一种理智：它既不能有意见的变化，而一切事物都不能逃脱它的掌握，在这样的理智中，所得的真理就是不变的真理。上帝的理智就是这种理智。因此，上帝的理智中的真理是不变的。……一切物质事物所赖以称为真实的真理，都是上帝的理智中的真理。它是完全不能变化的。"基督教神学把真理视为对上帝的认识，认为真正的真理来自于神的启示，是绝对正确、永恒不变的，这样就从根本上否定了真理的相对性。

法国著名数学家、物理学家亨利·彭家勒（1854—1912）认为，科学理论不是客观实在的反映，而是科学家之间的约定。他说："理论自然科学的许多一般的原理（惯性定律、能量守恒定律等等），往往很难说它们的起源是经验的，还是先天的。实际上它们既不属于前者，也不属于后者，它们都是以一些假说为前提的，完全是以人的意愿为转移的约定。""它们是我们精神上的一种自由活动的产品。"在彭家勒看来，自然科学的理论都是相对的，取决于科学家们之间的约定。彭家勒认为，从数学符号到数学规律都是人为的约定，相对论物理学和牛顿物理学也是约定的假设。这样，科学理论之间就没有真假之分，只有方便与否之别。彭家勒说，若问物理学原理是真是假，就如同问米制是真是假一样荒唐。彭家勒的约定主义真理观是现代西方哲学中非常著名的一种观点。彭家勒看到了科学假设在科学活动中的重要作用，但是他夸大了这种作用，把人类在科学活动中的认识都视为一种方便的约定，不承认真理中包含着客观性的内容并且需要通过实践的检验，实质上否定了真理的绝对性。

真理与谬误及其相互关系。与真理相对，谬误是指，在认识上与客观实际不一致的认识。人的认识过程就是由相对真理不断地走向、接近绝对真理的无限发展过程。真理的发展过程，是不断地与谬误作斗争并且战胜谬误的过程。谬误既然是与客观实际不一致的认识，那么，谬误是怎么产生的呢？虽然认识的目的是追求真理，但我们的认识过程是一个充满矛盾的复杂过程，是近似于圆圈的曲线，这个曲线的每一个片段都可能由于客观过程的复杂性、主观状态的局限性而被夸大为独立的直线，把人的认识引向谬误。真理和谬误是认识中的一对矛盾，它们的对立"只是在非常有限的领域内才具有绝对的意义"。真理与谬误是认识的两极，两者会相互转化。那么二者是如何实现转化的呢？任何真理都有它适用的条件和范围，如果不顾实践、地点、条件就运用真理，那么真理就会变成谬误。谬误在一定的条件下也可以向真理转化。谬误可以作为正确的先导，只要人们善于从谬误中吸取教训，也可以推进真理的发展。毛泽东在《实践论》中形象地说明了这个问题："人们经过失败之后，也就从失败取得教训，改正自己的思想使之适合于外界的规律性，人们就能变失败为胜利，所谓'失败者成功之母'，'吃一堑长一智'，就是这个道理。"实践是检验真理、也是区分真理和谬误的最终标准。毛泽东在《实践论》中指出："通过实践而发现真理，又通过实践而证实真理和发展真理。"谬误有时候也能启迪人们的思考，提供达到真理性认识的思想材料。如果将谬误绝对地排除在认识之外，也就堵塞了认识真理的道路。

真理的发展、绝对真理和相对真理的辩证关系是与人的认识能力的内在矛盾紧密相联的。人的思维是至上的，同样又是有限的。按它的本性、使命、可能来说，是至上的和无限的；按它的个别实现和每次的现实来说，又是不至上的和有限的。恩格斯在《反杜林论》中指出："这个矛盾只有在无限的前进过程中，在至少对我们来说实际上是无止境的人类世代更迭中才能得到解决。"绝对真理和相对真理的区分，既是确定的又是不确定的。所谓"确定"的，就是说两者是有界限的，不能抹杀绝对和相对的区别。所谓"不确定"的，就是说它们之间的界限不是固定的，而是历史的变化着的。列宁指出："这种区别正是这样'不确定'，以便阻止科学变为恶劣的教条，变为某种僵死的凝固不变的东西；但同时它又是这样'确定'，以便最坚决果断地同信仰主义和不可知论划清界限，同哲学唯心主义以及休谟和康德的信徒们的诡辩划清界限。"正确地理解绝对真理和相对真理的辩证关系，对于反对和防止绝对主义和相对主义，对于科学认识和社会实践都是极为重要的。

绝对真理和相对真理的辩证关系的原理，对于我们在现代化建设过程中正确地理解和坚持马克思主义理论具有重要的方法论意义。马克思主义理论就是绝对真理与相对真理的统一：一方面，马克思主义理论是已被实践证明了的正确理论。在当代中国，只有把马克思主义同当代中国实践和时代特征结合起来才能够解决社会主义的前途和命运问题。从这个意义上说，它是绝对真理。另一方面，由于历史的局限，马克思主义理论不能解决中国社会主义现代化建设中的所有问题，它本身也需要随着实践的发展而不断地向前发展。从这个意义上说，它又是相对真理。因此，在我国现代化建设过程中，我们既要坚持马克思主义理论，又要着眼于对实践中出现的新的问题的理论思考，努力促进马克思主义理论的丰富和发展。

"在绝对的总的宇宙发展过程中，各个具体过程的发展都是相对的，因而在绝对真理的长河中，人们对于在各个一定发展阶段上的具体过程的认识只具有相对的真理性。无数相对真理之总和，就是绝对真理。"19 世纪末 20 世纪初，为了克服由于古典物理学理论无法解释新的实验事实的发现而造成的整个物理学的严重危机，解决新事实同旧理论体系之间的矛盾，自然科学家们对古典物理学理论体系的基础进行了一场根本性的变革。这场革命先后延续了 30 多年，改变了人类对物质、运动、空间、时间、因果性等的基本认识，带动了 20 世纪整个自然科学和技术的革命，为人类文明开辟了新纪元。

19 世纪 40 年代以后，由伽利略和牛顿奠定基础的古典物理学理论，由于海王星和能量守恒原理的发现，法拉第、麦克斯韦电磁理论的辉煌成就以及分子运动论的建立，在科学的各个领域中所向披靡，包罗了大至日月星辰，小至原子、分子的物理世界，从而使当时不少物理学家认为物理理论已接近最后完成，今后只需在细节上作些补充和发展，在小数点第六位上做文章。可是，正当古典物理学发展到了顶峰的时候，它本身却开始出现了危机和革命。这场危机开始于 19 世纪 80 年代的"以太漂移"实验的"零结果"，到 19 世纪末出人意料地发现了 X 射线和放射性，接着又发现了电子和镭等。这使得一向被看作天经地义的原子的不可分割性和不变性、物质不灭性和能量守恒性、空间和时间的绝对性、运动的连续性，等等，都产生了动摇，物理学领域中许多基本原理和基本概念都受到怀疑和重新审查。法国数学家彭加勒于 1905 年指出，物理学处于危机之中，并酝酿着一场革命。

物理学革命发轫于量子论和相对论的诞生。普朗克于 1900 年为解决黑体辐射实验结果同古典理论的矛盾，提出了量子假说，认为在辐射的发射或吸收过程中，能量不是无限可分的，而是有一个最小的单元即量子。这是一个大胆的假说，它直接违背了莱布尼茨的"自然界无飞跃"的论断。因而在 1911 年以前，老一辈物理学家几乎全部拒绝接受它，就连普朗克自己也惴惴不安，曾于 1911 年和 1914 年两度提出以古典概念取代量子假说的新理论。第一个认真对待并努力发展量子概念的是年轻的科学家爱因斯坦。爱因斯坦从认识论的角度意识到，量子概念带来的将是整个物理学理论框架的根本变革，物理学家需要做的工作是建立新的理论基础，而不是进行局部的修补。他于 1905 年把量子概念扩充到辐射的传播过程，提出光量子假说，认为光既具有波动性又具有粒子性，即波粒二象性，这是人类第一次认识到的微观客体的最基本的特征。随后，爱因斯坦又把量子概念推广到辐射领域以外，用来研究低温固体比热和光化学现象，开创了固体量子论和光化学理论。

直接向牛顿力学理论体系挑战的是爱因斯坦于 1905 年创立的狭义相对论。狭义相对论否定了作为牛顿力学理论基础的绝对空间和绝对时间概念，否定了作为一切电磁现象和光学现象载体的"以太"的存在，消除了由"以太漂移"实验所带来的困扰。狭义相对论把古典力学定律全部加以改造，使之适合于低速运动的极限情况。作为狭义相对论的推论，运动的尺度要缩短，运动的钟要变慢，任何物体运动速度都不可能超过光速。这些显然都为常识所不容。狭义相对论揭示了作为物质存在形式的空间和时间的统一性，揭示了物质和运动统一性的最本质的形式——质量和能量的相对性。这不仅发展了物质和运动不可分离的原理，而且为原子能时代的到来开辟了道路。爱因斯坦经过多年的艰苦努力，于 1915 年进一步建立了广义相对论。广义相对论揭示了空间、时间同物质的统一关系，指出空间、时间不是离开物质独立存在的，时空的结构取决于物质的分布；物理空间不是平坦的、而是弯曲的，空间曲率表现为引力。1917 年，爱因斯坦根据广义相对论考察整个宇宙空间，开创了现代宇宙学。他提出的有限无界的宇宙模型，后来发展成为宇宙膨胀理论和大爆炸理论。这是继哥白尼之后对天文学宇宙观的又一次革命。

量子论在光量子论以后又经历了两次大发展。一次以玻尔建立的原子结构理论为标志。玻尔于 1913 年把量子论同卢瑟福的有核的原子模型结合起来，并把原子只用于能量的量子概念推广到其他物理量。这一理论成功地解释了关于化学元素光谱线的各个经验定律，也为化学元素周期律的理论解释奠定了基础。另一次以量子力学的建立为标志。量子力学是用两种不同的形式建立起来的，一种是德布罗意的物质波理论和薛定谔的波动力学，另一种是海森伯的矩阵力学。德布罗意于 1923 年把爱因斯坦关于光的波粒二象性扩展到一切物质粒子，揭示了电子也具有波动性，为玻尔的量子化条件提供了理论根据。薛定谔发展了德布罗意的理论，于 1926 年建立了波动力学，提出微观物理学的基本运动定律，即薛定谔方程。受玻尔影响的海森堡，于 1925 年效法爱因斯坦建立狭义相对论时否定不可观察的绝对时间概念，抛弃像玻尔的电子轨道这类不可观察的古典运动学的量，专门研究可观察量之间的关系。他在玻恩等人的合作下建立了矩阵力学，亦称量子力学。在这个力学方案中，动量与坐标相乘是不可对易的。同年，狄拉克用更有力的数学工具把古典力学基本方程改为量子力学方程，为量子力学提供了更为宽广的数学基础。随后，薛定谔于 1926 年发现波动力学和矩阵力学在数学上是完全等价的，两者实质上是同一个物理理论。根据量子力学，海森堡于 1927 年发现"测不准原理"，揭示了一个粒子的位置和动量（或能量和时间）不能同时准确地加以测量。狄拉克根据量子力学和相对论，于1926年预言有正电子及其他"反粒子"即"反物质"的存在，并揭示了真空不空。这些都深刻地改变了人们的自然观。量子力学对古典物理学的冲击比相对论更为猛烈。因为，相对论提供了新的时空观，并为科学理论清除先验因素提供了范例；量子力学则提供了一种考察和描述自然的新方法，它的一系列基本概念，如波粒二象性、共轭物理量的不可对易性、测不准关系等，都同传统的概念框架格格不入，在哲学思想领域中引起了巨大的震动。物理学革命也带动了其他各门科学的革命，使整个20世纪成为科学技术革命的世纪。同时，物理学革命也带来了自然观的革命，使几个世纪以来在整个自然科学领域中占统治地位的传统自然观终于让位给现代自然观。

这个案例说明古典物理学理论在常规时空条件下是真理，具有绝对性，然而一旦超出了常规时空，它就不再正确了，具有相对性。但是，物理学革命不是推翻和否定了古典物理学理论，而是指出了它的局限性，同时也承认古典物理学在常规时空条件下依然是正确的。物理学革命的历程也说明，任何科学理论都不可能一成不变，随着科学实验的发展，理论必须不断发展，甚至要彻底更新。物理学正是在这样一个过程中，使人类对于客观世界的认识不断发展，越来越深刻和全面。

（三）检验真理的标准

在我们认识这个世界时，当我们获得一定的认识之后，认识的过程并没有结束。因为还要对我们的这一认识加以判定，看是否事实真是这样，我们的认识是真理还是谬误。那么，我们怎么判定一个认识是真理还是谬误呢？这就与真理的问题有关。所谓真理的问题，就是关于认识是否与对象相一致、相符合的问题，真理检验标准的问题。

真理的标准及真理观的历史演变。真理标准是指检验和判断主体认识与认识的客观对象是否符合以及符合程度的标准。在马克思主义哲学产生以前，各派哲学的真理标准观各不相同，虽然他们都探讨过真理的检验标准问题，却从来没有正确地解决它。柏拉图认为理念是万物的尺度，是决定真理的标准；古希腊的智者派代表普罗塔哥拉认为人是万物的尺度，人的感觉、人的意识本身就是判定真理的尺度；还有人把理论的清晰明白、自我体验、主观效用作为真理的标准；中世纪经院哲学家阿奎那则断定上帝的真理是衡量一切真理的标准。主观唯心主义者或客观唯心主义者都是在认识本身中寻找真理的标准。唯物主义各派的哲学家则以各种不同的形式，把客观的状况、观察、实验、生活作为检验真理的标准。以费尔巴哈为代表的旧唯物主义虽然提出了真理的客观标准，但由于历史的局限性，他们不了解认识对社会实践的依赖关系以及实践的性质和特点，不能科学地解决真理的标准的问题。当然，这并不是说以往所有的哲学家在真理标准问题上的见解都毫无合理因素。黑格尔从唯心主义辩证法的角度猜测到实践作为认识真理性的标准的某些本质特征，他在某种程度上接近了以实践为真理标准的思想。但是，他的真理概念和实践概念都是建立在客观唯心主义基础上的。马克思主义哲学第一次科学地解决了真理的标准问题，确定了实践在认识中的地位，明确地提出了实践是检验真理的唯一标准。马克思在《关于费尔巴哈的提纲》中指出："人的思维是否具有客观的真理性，这不是一个理论的问题，而是一个实践的问题。人应该在实践中证明自己思维的真理性。"

中西方两种典型且相近的真理检验观念。判断认识真理性的标准问题从来就是哲学史上一个争论不休的问题。但是中西方有两种最为典型且很相近的判断真理标准的观点。第一种是墨子的"三表法"。在中国哲学史上，我国战国初期哲学家、墨家哲学的创立者墨子首先提出了真理标准问题，认为判断认识真理性的标准有三个，即所谓"三表"。墨子认为，要检验人们的认识正确与否，必须有一个共同标准，即言"必立仪"。为此，他提出了判断言论是非真伪的三个标准，即所谓"三表"："有本之者，有原之者，有用之者。""上本之于古者圣王之事"，即以历史记载中圣人的经验为依据；"下原察百姓耳目之实"，即以老百姓的直接感觉经验为依据；"废（发）以为刑政，观其中国家百姓人民之利"，即以某种言论主张在实施过程中所产生的社会效果是否符合国家、百姓的利益为依据。墨子的"三表法"对后世产生了深远影响。墨子把历史经验、众人的直接经验和社会政治效果作为真理标准，强调"事""实""利"对检验认识的决定作用，这是一种朴素唯物主义经验论的真理观。当然，"三表法"也有严重的局限性，它基本上建立在感觉经验的基础上，忽视理性思维的作用，不能科学地区分经验材料中的真相和假象。墨子把认识产生的实际结果作为三表中的两条，表明他已经十分重视认识的实际结果。无独有偶，在西方社会也有一位与墨子的观点十分相近的哲学家，这就是实用主义哲学的主要代表人物，美国哲学家、心理学家威廉

·詹姆士。詹姆士认为，真理不是对客观事物的反映，只是经验与经验之间的一种关系，因此，一种观念只要能把新、旧经验联系起来，给人带来具体的利益和满意的效果就是真理。詹姆士说："如果有一个概念，我们能用它很顺利地从一部分经验转移到另一部分经验，将事物完满地联系起来，很稳妥工作起来，而且能够简化劳动，节省劳动，那么这个概念就是真的。"因此他强调"有用就是真理"。他说："'它是有用的，因为它是真的'，或者说'它是真的，因为它是有用的'。这两句话的意义是一样的。""如果它能双倍地满足我们的需要，它便是最真的。"显然，詹姆士的实用主义主张把效用等同于真理，以有用与否作为判断真理的标准。虽然詹姆士对于真理的价值性的强调有一定的积极意义，但这种观念实际上把真理的价值性与客观性完全割裂开来，抛弃了真理的客观性。

如何检验真理。真理的本质特征和实践的特点决定社会实践是检验真理的最终标准。真理是对客观事物的正确反映，它的本质特征就在于主观认识与客观实际相符合、相一致。要判断主观与客观是否符合以及符合的程度，一方面，在主观认识的范围内是无法解决的；另一方面，不能开口说话的客观对象本身也是无法解决的，主观和客观必须通过中介和桥梁才能进行对照和比较。实践具有直接现实性的特点，社会实践正是"主观见之于客观的东西"，它能把主观与客观联系起来，使一定的认识变成直接的现实，并判明两者是否相符合。实践对认识是否具有真理性的检验，主要由实践的结果来显示。"活动的结果是对主观认识的检验和真是存在着的客观性的标准"。毛泽东在《实践论》中指出，判定认识或理论之是否真理，不是依主观上觉得如何而定，而是依客观上社会实践的结果如何而定。只有在社会实践过程中人们达到了思维中所预想的结果时，人们的认识才能被证实，因此毛泽东说："真理的标准只能是社会的实践。"

实践检验真理是一个辩证过程。实践作为检验真理的标准既有确定的一面，又有不确定的一面，实践标准是确定性和不确定性的辩证统一。判断某种认识是否是真理，不能只依据孤立的一次实践的结果，而要依据多次实践，依据人类的全部实践总和。即便被实践证实了的正确理论，也不能把它作为检验真理的标准。这是因为：第一，正确的理论一般也有它特定的适用范围。在它的适用范围之外，任何正确的认识都肯定不会与它相符合。如果以已有的正确理论作为检验真理的标准，那么，人类所有的新的认识都将被判定为谬误。例如，如果把经典物理学理论作业检验真理的标准，就会把相对论和量子力学判定为谬误。第二，即使是那些适用范围极其广泛的普遍真理，其所反映的也只是事物的普遍本质和一般规律，而不可能穷尽事物的各种特殊规定性，用它来判定对特殊事物的认识是不是真理也是无效的。例如，如果把马克思本人的学说作为检验真理的标准，就有可能把关于社会主义市场经济的理论、关于"一国两制"的创造性构想等有中国特色社会主义理论体系中的许多内容判定为谬误。

人类理性和逻辑证明在检验真理过程中的重要地位。实践是检验真理的最终标准，并不排斥人类理性和逻辑证明在认识真理过程中的作用。逻辑证明是辅助实践检验的重要手段，是人们探索和论证真理的过程中的重要组成部分。在现代逻辑的研究和应用取得了巨大成就的今天，这一点更是无可争议的事实。但是，逻辑证明同样也不能充当检验真理的标准。在这里，问题的关键在于：第一，逻辑推理所展现的仅仅是命题形式之间的必然联系，它并不涉及命题的内容。逻辑推理所证明的仅仅是前提和结论在思维的形式结构方面的蕴涵关系，即如果肯定了前提就必然肯定结论。至于前提和结论是不是与某种客观对象相符合、是不是真理，逻辑是不能证明的，那是只有实践才能回答的问题。例如，欧氏几何是以五条公理为原始论据，按照逻辑规则演绎出来的包括一系列定理的系统，它所证明的东西仅仅是：如果这五条公理是真的，那么由此推出的定理就必然是真的。至于这些公理和定理是不是同现实空间的特性相符合、是不是真理，它是不"管"而且也"管"不了的，只有把它们亿万次地运用到实践中去才能解决这个问题。第二，逻辑推理的规则本身的正确性也是逻辑所不能证明的。因为如果要用逻辑去证明逻辑推理的规则，一开始就不能不运用这些规则，这就把待证明的东西当成了已证明的东西，等于没有证明。事实上，逻辑推理规则的正确性也只能通过实践来证明。正如列宁所说："人的实践经过亿万次的重复，在人的意识中以逻辑的式固定下来。这些式正是由于亿万次的重复才有着先入之见的巩固性和公理的性质。"所以，不能片面夸大逻辑证明的作用。实践检验与逻辑证明是相辅相成的。

实践标准是绝对性和相对性的统一。马克思主义哲学不仅明确地主张实践是检验真理的唯一标准，而且也强调应该辩证地理解实践标准。正如真理本身同时具有绝对性和相对性一样，实践标准也是绝对性和相对性的统一。实践标准的绝对性主要表现在：第一，实践能够检验认识的真理性，即使有些认识不能为当前的实践所检验，但将来的实践终究能够检验出它是否具有真理性。第二，凡是被实践证实为真理的认识，它与其反映的客观事物之间的符合就不会被将来的任何情况所改变。不过，这里所说的是那些确实被实践证实为真理的认识，而不包括那些误认为被实践证实而实际上并未被实践证实的认识。由于种种原因，如实践方案和实践操作中的错误、对实践结果所作的逻辑分析的错误等等，人们把本来并未被实践证实的认识当成了被实践证实了的真理的情形是常常发生的，但这属于真理检验过程中人们在认识上犯了错误的问题，而不属于被实践证实了的真理又被推翻了的问题。况且，如果人们在检验真理的过程中出现了这类认识上的错误，也只有通过进一步的实践才能发现和纠正。假如被实践证实了的真理竟然会被推翻，实践也就根本不能充当检验真理的标准。实践标准的相对性主要表现在：第一，任何具体的实践都是在一定的历史条件下进行的，必然要受到各种主、客观因素的制约，因而它不可能完全证实或驳倒人的一切认识。第二，当具体的实践证实某种认识是真理的时候，往往也只是从总体上证实了这种认识与它所反映的客观事物相符合。至于这种认识与客观事物在多大的范围内和多大的程度上相符合，真理的有效界限在哪里，任何具体的实践都不可能绝对地、一劳永逸地予以确定。随着实践的不断发展，人们所确定的真理的界限可能时而扩大，时而缩小。

总之，正确地坚持实践是检验真理的唯一标准，要求我们既要看到实践标准的绝对性，防止和反对否认实践标准的唯心主义、怀疑主义和相对主义，又要看到实践标准的相对性，防止和反对把被某一具体实践证实过的认识绝对化的教条主义和独断论错误。

麻醉药的使用可以追溯到距今 1700 多年前的中国。据《后汉书》记载，东汉名医华佗曾发明了一种麻醉药物——"麻沸散"，并曾经成功地使用"麻沸散"为一个病人做了腹部手术。令人遗憾的是，"麻沸散"的单方后来失传。"麻沸散"虽在古代医学条件落后的情况下，在小范围内发挥过一定的作用，但它并不能从根本上解决外科手术疼痛的问题。真正的麻醉药诞生于 19 世纪的美国。

1799 年，英国著名化学家戴维有一次牙痛得要命，但强烈的责任感使他带病走进实验室继续工作。然而奇怪的是，一走进实验室，他的牙竟然不痛了，而当他走出实验室后，牙痛又复发了。经过一番观察和试验，戴维发现，原来是实验室里弥漫着的一种化学气体——氧化亚氮在起镇痛作用。于是，戴维郑重地向医学界建议可以用氧化亚氮做麻醉药。然而，他的建议并未得到医学界的重视。

45 年后的 1844 年，美国化学家柯尔顿注意到了戴维的发现。当时美国正流行所谓的催眠术，柯尔顿发现，氧化亚氮可以让人舒服地进入梦乡。于是，他认为这种药可以作催眠之用。柯尔顿用罐子装了一罐氧化亚氮到美国各地作旅行演讲，并当场给人作示范表演。一次，在柯尔顿演讲完氧化亚氮的妙用之后，一位听众当场吸了几口氧化亚氮。但出人意外的是，这位听众在即将入睡时却一跃而起，哈哈大笑不止，并到处乱跑乱跳。结果，人们纷纷骂柯尔顿是"江湖骗子"，氧化亚氮也被人叫作"笑气"。

虽然在场的人们纷纷对柯尔顿的实验不屑一顾，但是现场的一位叫作威尔士的医生发现，那位"发疯"的听众由于乱跑乱跳脚部受了伤，但他却没有丝毫痛苦的感觉。因此，威尔士估计，这种"笑气"可能有止痛功能，或许可以用于拔牙。经过反复多次的临床应用，威尔士证实了自己的判断。于是，他决定向各医疗单位推广这一麻醉术。1845 年 1 月，在美国波士顿的一家大医院，威尔士向许多医学界的名流和医学专业的学生演示"笑气"的应用方法。威尔士先让病人吸几口"笑气"，然后开始拔牙。可是，由于威尔士急于求成，麻醉量不足，病人大声喊痛。结果，威尔士被当作骗子给赶出了医院。

　　威尔士的失败虽然带有偶然性，但这同时也说明"笑气"的麻醉效果不是非常理想。于是，威尔士的青年学生莫尔顿希望寻找一种更有效的麻醉药。在一次偶然的机会中，莫尔顿听说了一件怪事。几个朋友在一起玩纸牌时，炉灯不亮了，匆忙之中，一个人将乙醚错当成酒精加进了灯肚。结果，灯点起来后，不多久大家都开始昏昏欲睡，连连出错牌，最后都趴在桌面上睡着了。莫尔顿听说后马上联想到乙醚可能有催眠作用，可以作为麻醉药。于是，他立即用狗进行试验。结果，几分钟后，狗就被乙醚蒸气熏得昏然入睡，无论怎么拳打脚踢都没有任何反应。显然，它已经失去了痛觉。为了慎重起见，莫尔顿又进行了多次动物试验，并在一些病人的小手术中进行了临床试用。结果表明，乙醚的麻醉效果比"笑气"好，是较为理想的麻醉药。

　　1846 年 10 月 16 日，在那所赶走老师威尔士的医院，莫尔顿公开演示了乙醚麻醉术。一位长血管瘤的病人被推上了手术台，莫尔顿对他进行了麻醉，病人渐渐地进入梦乡。主刀医生一刀下去，病人没有出现任何痛苦的表情。直到手术结束一阵之后，病人才苏醒过来。莫尔顿的乙醚麻醉术终于获得了成功，乙醚麻醉术在各地迅速传开，使千千万万的病人从中受益。

实践检验具有绝对性和相对性。在这个案例中，科学家们用氧化亚氮做麻醉药多次失败以至于被视为骗子，氧化亚氮也被人们称为"笑气"，不是因为科学家们的想法根本错误，而是因为实践检验具有相对性。如柯尔顿示范中的那位听众可能因为其他原因而大笑不止，威尔士的演示中是因麻醉量不够。后来莫尔顿的科学实验和医学实验的成功，证明了麻醉术的科学性。这说明实践终将对认识的真理性作出检验。

如何把握主观能动性和客观规律性的辩证关系？

人们在实践活动中要达到预想的目的，就一定要使自己的思想符合客观事物发展规律，如果不符合，就会在实践中失败。因此，正确理解主观能动性和客观规律性的关系，在理论和实践上都是一个重要问题。对于这个问题，还是要用唯物的、辩证的观点去思考和把握。

首先，尊重客观规律性是发挥人的主观能动性的前提。列宁曾经指出，外部世界、自然界的规律乃是人的有目的的活动的基础，人们只有在认识和掌握客观规律的基础上，才能达到认识世界和改造世界的目的。认识和改造自然界，要尊重自然界的规律；认识和改造社会，要尊重社会规律。人们能够创造历史，但不是随心所欲地创造历史。正如人们不能自由选择生产力和生产关系，不能自由选择这一种或那一种社会形态。只有遵循历史的规律和进程，把握时代的脉搏和契机，才能真正成为历史的主人。人们对客观规律的认识越深刻、越正确，就越能有效地发挥主观能动作用。不顾规律和违背规律，只能把事情办糟。

其次，充分发挥人的主观能动性是认识和利用客观规律的必要条件。人的生存和发展离不开对自然和社会的改造，人的需要、利益是历史发展的重要动力。故此，自觉能动性是人与动物的重要区别，人们正是在其对象性活动中形成人与自然、人与社会的各种联系和关系，而人们为了满足自身的需要，必须按照客观规律去改造世界。所以，事物发展的规律与人的自觉活动是紧紧连在一起的，客观规律内在地包含于人的自觉活动之中。否认人的主观能动性，必然导致对人的价值性的否定，导致对历史发展动力的否定。唯心主义历史观把人们的思想动机看作是历史发展的根本动力，显然是错误的。但是，不承认人的有目的的活动在认识和改造世界中的作用，不承认思想、理论的巨大力量，也是不科学的。重要的问题在于如何使思想、理论同实际相一致。

根据上述原理，人们要正确发挥主观能动作用，应当注意以下几点。

首先，以尊重事物发展的客观规律性为前提。只有从客观实际出发，建立在客观规律（以及思维所固有的规律）基础上的思想，才是正确的思想；只有在正确思想指导下，符合客观规律的行动，才是正确的行动，才能实现人们预想的目的。

其次，实践是发挥人的意识能动作用的基本途径。人的意识是一种精神的力量，要使它得到实现，变为现实的物质力量，就不能只在意识本身的范围内兜圈子，而必须通过物质的活动——实践才能达到。意识通过实践反作用于物质的过程，也就是意识自身的"物化"过程。意识的"物化"是双重的：把观念的东西化为物质的感性活动，即化为实践；通过实践使主观的东西见之于客观，使客观世界发生合乎目的的改变。人的意识正是通过实践而能动地认识世界，又通过实践而能动地改造世界。

最后，意识能动作用的发挥，还依赖于一定的物质条件和物质手段。人们对客观世界的认识程度，同物质技术条件的发展水平密切联系着。一般说来，作为认识器官之延长的科学观测设备越是先进，人们的认识水平也就越高。至于改造世界活动需要一定的物质手段，更是不言而喻的。"巧妇难为无米之炊"，没有现实的原材料，人的意识再"巧"，也创造不出任何物质的东西来。

第四章 解读《实践论》中的认识与实践相统一的思想

第一节 认识对实践有指导作用

虽然社会实践活动决定认识，是认识的源泉、根本动力和最终归宿，但是决不能因此就忽视认识的作用。认识，尤其是科学的理论对实践活动有着巨大的指导作用；错误的理论对人们的实践活动起到阻碍甚至是破坏的作用。理论对实践的指导是马克思主义认识论的重要组成部分，是认识的一般发展过程的必要环节。毛泽东在《实践论》中明确指出理论的重要性："在马克思主义看来，理论是重要的，它的重要性充分地表现在列宁说过的一句话：'没有革命的理论，就不会有革命的运动。'然而马克思主义看重理论，正是，也仅仅是，因为它能够指导行动。"实践产生理论，理论指导实践，并在实践中得到检验和发展，这种理论和实践的相统一，是马克思主义关于认识论的辩证法，是马克思主义认识论的一个根本原则。

（一）为什么要学习理论

理论的形成和发展。理论的形成和发展是一个辩证的过程：它既是从感性认识上升到理性认识，并形成理论的体系的过程；也是正确的理论与错误的理论、新的理论与旧的理论对立斗争的过程；还是理论不断追赶变化了的客观事物，不断总结实践新经验，理论与实践具体的、历史的统一过程。实践不仅是理论形成和发展的源泉、动力，而且是检验理论真理性的最终标准。科学理论要经过实践检验而确立，必须具备三个条件：新理论要能够说明旧理论已经说明的全部现象；新理论要能够说明旧理论所不能说明的现象；新理论要能够更好地预见事物发展的趋势、动态及新事物的出现。一个新的科学理论，能否被承认或者公认，取决于两个互相联系的因素或条件：科学理论成果自身的价值和社会因素即科学理论评价的标准。理论的形成和发展，既是由社会实践的发展所决定的，也有自身的继承性和相对独立性。科学理论，不同于感性经验知识，具有全面性、逻辑性和系统性的特征。爱因斯坦认为科学理论应具有逻辑的"简单性"和结构的"和谐性"的特点。科学理论对实践有重大的指导作用。没有理论指导的实践是盲目的实践。列宁曾经指出："没有革命的理论，就不会有革命的运动。"但是，理论脱离实际则是空洞的、僵死的理论。毛泽东在《实践论》中引用斯大林的话，他指出："理论若不和革命实践联系起来，就会变成无对象的理论，同样，实践若不以革命理论为指南，就会变成盲目的实践。"所以，理论要指导人们行动，必须为实践者所掌握。那么，理论如何才能被实践者所掌握呢？

理论指导实践是有一定的条件的。理论与实践是不可分离的关系，理论对实践的指导作用也是不容忽视的。拥有科学的理论、正确的理论并不意味着人们就能正确地改造客观世界，只有将理论与实践相统一才能达到改造客观世界的目的。毛泽东在《实践论》中指出："如果有了正确的理论，只是把它空谈一阵，束之高阁，并不实行，那末，这种理论再好也是没有意义的。认识从实践始，经过实践得到了理论的认识，还须再回到实践去。认识的能动作用，不但表现于从感性的认识到理性的认识之能动的飞跃，更重要的还须表现于从理性的认识到革命的实践这一个飞跃。抓着了世界的规律性的认识，必须把它再回到改造世界的实践中去，再用到生产的实践、革命的阶级斗争和民族斗争的实践以及科学实验的实践中去。"要实现理论对实践的正确指导，还需要一系列相关条件。那么，理论如何指导实践，当具备以下四个条件时，理论指导实践才成为可能。

第一，必须从实际出发，坚持一般理论和具体的实践相结合的办法。因为只有这样，理论才能真正发挥自己的指导作用，并随着实践的发展而发展。理论是否正确，在从感性认识到理性认识的第一次飞跃中，是没有办法得到证实的，也不可能得到证实。只有将已经获得的理论运用到实践中去，通过实践的检验，正确的理论才能得到证实，错误的理论才能被发现、纠正或推翻，并在指导实践的过程中，使自身得到发展。我们既不能借口实践发展的特殊性，否定理论的一般指导作用，犯经验主义和事务主义的错误；也不能忽视具体情况的特殊性，把一般理论强加于具体实践，犯教条主义和形而上学的错误。

第二，理论要回到实践中去，需要经过一定的中介环节。理论具有普遍性的品格，它能指导人们按照客观规律认识世界和改造世界。但它不能代替对具体事物的具体分析，理论不能直接回答具体事物"是什么"和"不是什么"。不仅如此，理论本身还不包含有人们对某一具体事物的目的和要求。这样一来，理论就不能直接回答人们的实践活动该"怎样做"和"不怎样做"的问题。为什么理论不能直接回答上述问题呢？这是因为理论不具有直接现实性的品格。理论的这种局限性，使理论不能直接作为具体指导人们实践活动的思想。这就好比大海航行的船一样，指南针只能告诉航船前进的方向，至于如何打破坚冰，怎么样开通道路，胜利地到达彼岸，还必须在开辟航线的实践活动中，对大海进行具体分析，并根据这种分析提出航行的方案。理论指导实践也是如此，如果不对具体事物进行具体分析，就不可能认识具体事物的特殊性。所以，理论要回到实践中去就需要一定的中介，使理论与具体的实际相联系。没有一定的中介环节，理论就无法同具体的实际相联系，就无法达到指导社会实践活动的作用。

第三，理论要回到实践中去，还必须为群众所掌握。由于人们群众是实践的主体，所以理论只有回到实践中去，只有为群众所掌握才能转化为改造社会、改造自然的物质力量，才能转化为生产力，才能真正实现对客观世界的改造，显示出理论的作用来。正如马克思指出的："理论一经掌握群众，也会变成物质力量。理论只要说服人，就能掌握群众；而理论只要彻底，就能说服人。"群众掌握理论之后，还不能立即实践理论，需要要作一定的努力才能使理论指导实践，这就是超越心理悖论。众所周知，人不同于动物的地方就在于人是一个理性与非理性的综合物，人不但能够按理性从事实践，还能按照自己的意志、情感、习惯和传统等非理性追求设定的目标。而非理性只有为理性所控制和指导，才能使人的活动具有自觉改造客观世界的实践的意义。反过来，理性、理论只有为非理性所接受，才能真正发挥理论对实践的指导作用。所以，人们有了科学理论并不一定能够付诸实施，把认知理性转化为行为活动的最终原因，除了客观条件的制约外，人的心理选择起着决定作用。一个简单的事实是，吸烟对人体是有害的，这是人所共知的事实并早已为科学所证明。但为什么在有些地方吸烟人数有增无减呢？关键就在于人们没有把吸烟的危害性内化为一种心理感受，把不吸烟作为一种现实的心理需求，从而避免吸烟意念的产生。人们需要正确的理论，但是有了正确的理论并不一定去实行。事实表明，人们的心理实际上是存在着一种心理悖论：人们希望做的与他们正在做的相互矛盾，甚至南辕北辙，相去甚远。这就需要人们在掌握理论的同时，还必须提高人们的心理素质，超越心理悖论，这是比之获得科学理论更加艰巨而长期的任务。

第四，要有正确的实践方法即工作方法。人们都在进行各种不同的实践活动，然而却有些人在实践活动中能取得巨大成果，认识真理；有些人在实践中一败涂地，对客观世界还会提出歪曲的解释。其原因之一，就是实践的方法不对头。再好的理论如果没有正确的使用方法也不会对实践起到指导的作用，有时候甚至对实践起到阻碍的作用。

理论的巨大作用。实践之所以需要理论的指导，是由理论和实践各自的本性所决定的。理论是一种精神力量，本身不具有直接现实性，画饼不能充饥，抱着书本不能当饭吃。所以，要使这种精神力量转化为物质力量，必须使在实践中形成的理论再回到实践中去，在改造客观世界的过程中，接受实践的检验、修正、补充和发展。同时，实践本身也需要理论的正确指导，没有正确理论指导的实践，必然是一种盲目的实践。特别是实践是在不断发展和变化的，它要不断地超越旧的实践局限，在实践发展过程中的每一历史关头，都有多种发展的可能，如何使实践少走弯路，沿着正确的轨道发展，实践本身并不能回答和解决这些问题，必须依赖于理论的正确指导。理论是人类的智慧之花，理论思维是一种运用概念的艺术，运用概念进行思维是人类所独有的能力。恩格斯曾指出："一个民族想要站在科学的最高峰，就一刻也不能没有理论思维。"科学的理论思维是从实践中得来的，是对客观世界规律性的认识，有了这种理论思维，就能指导社会实践活动，达到改造世界的目的，这无疑是十分重要的。理论的重要性，正是在实践中，也只有通过实践才能表现出来。理论是行动的指南，只有在正确的思想理论指导下，才能自觉地实现改造世界的目的。我们要善于运用理论思维能力指导实践，使之更加合于人类的利益。理论对于实践的指导作用是多方面的，以下是三个最重要的方面。

首先，理论作为一种精神力量能为具体的实践活动提供科学的依据，能推动人们在实践中创新。理论凝聚着以往人类实践成果的结晶，代表着比具体的实践更为深远和普遍的人类实践。理论推演过程中所运用的已知的概念、判断和思维方法，都是人类以往实践的精神成果。相信科学理论的可靠性，也就是相信以往人类实践检验总和的可靠性。因此，在通常情况下，我们完全可以根据人类实践已经证明的真理从事当前的实践活动，没有必要再去重复那早已为人类实践多次证明的普通常识。如果一个人对于像"$1+1=2$""人不吃饭要挨饿"这样的简单认识都要用自己的实践亲身去检验，就等于抛弃了以往人类实践的成果，把人类历史重新拉回到野蛮时代，在实践上必然会陷入经验主义或主观唯心主义。在这方面，我们的历史教训仍然记忆犹新。

其次，理论能在更广阔的背景上预见实践的发展进程和结果。由于理论是对事物本质和规律的认识，所以它可以走在实践的前头，指导实践的进程。理论之所以能发挥它对实践的指导作用，关键在于它与实践不同，它能相对地超越具体实践活动的历史性限制，揭示实践活动的普遍本质和规律，依靠逻辑的力量探讨实践的可行性。尽管在理论上可行的事情在实践中未必可行，但是，在逻辑上不可行的事在实践中必然是行不通的。在这一点上，过去的人们幻想制造"永动机"、寻求"长生不老丹"终告失败，就是一个很好的例证。理论探讨由于能在更普遍的意义上考虑到各种可能因素，摸似大量可行方式，从中选出符合实践本质和规律的最优方案，这就保证了实践的顺利进行。

第三，理论的发展水平推动着实践的深度和广度。任何现实的实践活动，都存在着这样一个循环规定，即当主体只有具备了一定的理论知识才能从事实践活动，而主体也只有在实践中才能使理论的意义和价值得到充分展示，并通过实践实现其预定的目标。这表明，实践决定着理论，决定着对理论的需要程度和发展水平。反过来，理论的发展水平也直接制约着实践的深度和广度。单就后一方面看，它表现在实践的各个方面和各个环节。从实践目的看，主体在实践之前都要预先制定实践的目标，要使实践目的既合客观规律又符合主体利益，不但需要考虑客观条件是否允许，还要处理好局部与整体、眼前与长远等各种利益关系，而要做到这一点，没有科学理论的指导是不行的。从实践手段看，主体运用什么手段从事实践、怎样实践，是决定实践能力的重要方面，而这一点与主体的理论准备密切相关。从实践结果看，主体必须运用理论思维和逻辑的力量分析实践结果，才能了解它的意义和价值，了解主体自身的本质和能力，从而总结出实践中成功的经验和失败的教训，为下一次实践做准备。

哥白尼，波兰伟大的天文学家，近代天文学的奠基人。哥白尼的主要贡献是创立了科学的日心地动说，1543 年他写出自然科学的独立宣言——《天体运行论》。由于哥白尼所处的时代不可能有现今这么发达的观测技术，所以，哥白尼用了将近四个九年的时间去测算、校核、修订他的学说，最终创造了日心地动说。这个例子充分说明了理论的重要性。

哥白尼所处的年代欧洲正处于黑暗的中世纪的末期。亚里士多德－托勒密的"地球中心说"早已被基督教会改造成为基督教义的支柱。然而，在托勒密的地心体系里必须用八十个左右的均轮和本轮才能获得同观测比较相合的结果，而且这类小轮的数目还有继续增加的趋势。当时一些具有进步思想的哲学家和天文学家都对这个复杂的体系感到不满。哥白尼接受了这种进步思想。他在意大利时研究过大量的古希腊哲学和天文学著作。他赞成毕达哥拉斯学派的治学精神，主张以简单的几何图形或数学关系来表达宇宙的规律。他了解到古希腊人阿利斯塔克等曾有过地球绕太阳转动的学说，受到很大启发。哥白尼分析了托勒密体系中的行星运动，发现每个行星都有三种共同的周期运动：一日一周、一年一周和相当于岁差的周期运动。他认为，如果把这三种运动都归到被托勒密视为静止不动的地球上，就可消除他的体系里不必要的复杂性。因此，哥白尼建立起一个新的宇宙体系，即太阳居于宇宙的中心静止不动，而包括地球在内的行星都绕太阳转动的日心体系。离太阳最近的是水星，其次是金星、地球、火星、木星和土星。只有月球绕地球转动。恒星则在离太阳很远的一个天球面上静止不动。哥白尼把统帅整个宇宙的支配力量赋予太阳，而各个天体则都有其自然的运动。他系统而明晰地批判了"地球中心说"，并且从物理学的角度对日心地动说可能遭到的责难给予了答复。

　　哥白尼用了"将近四个九年的时间"去测算、校核、修订他的学说。他曾写过一篇《要释》，简要地介绍他的学说。这篇短文曾在他的友人中间手抄流传。但是，他迟迟不愿将他的《天体运行论》公开出版。因为，他很了解，他的书一经刊布，便会引起各方面的攻击。批判可能从两种人那里来：一种人是顽固的哲学家，他们坚持亚里士多德、托勒密的说法，把地球当作宇宙的固定的中心；另一种人是教士，他们会说日心说是离经叛道的异端邪说，因为《圣经》上明白指出地是静止不动的。当哥白尼终于听从朋友们的劝告，将他的手稿送去出版时，他想出一个办法，在书的序中写明将他的著作大胆地献给教皇保罗三世。他认为，在这位比较开明的教皇的庇护下，《天体运行论》也许可以问世。除了这篇序之外，《天体运行论》还有另外一篇别人写的前言。哥白尼当时已重病在身，辗转委托教士奥塞安德尔去办理排印工作。这位教士为使这书能安全发行，假造了一篇无署名的前言，说书中的理论不一定代表行星在空间的真正运动，不过是为编算星表、预推行星的位置而想出来的一种人为的设计。这篇前言里说了许多称赞哥白尼的话，细心的读者很容易发现这是别人写的。然而，这个"障眼法"起了很大的作用，在半个多世纪的时间里，骗过了许多人。

1542 年秋，哥白尼因中风已陷入半身不遂的状况，到 1543 年初已临近死亡。延至 5 月 24 日，当一本印好的《天体运行论》送到他的病榻的时候，已是他弥留的时刻了。《天体运行论》出版后很少引起人们的注意。一般人不能了解，而许多天文工作者则正如奥塞安德尔所说的那样，只把这本书当作编算行星星表的一种方法。《天体运行论》在出版后七十年间，虽然遭到马丁·路德的斥责，但未引起罗马教廷的注意。后因布鲁诺和伽利略公开宣传日心地动说，危及教会的思想统治，罗马教廷才开始对这些科学家加以迫害，并于公元 1616 年把《天体运行论》列为禁书。然而经过开普勒、伽利略、牛顿等人的工作，哥白尼的学说不断获得胜利和发展；恒星光行差、视差的发现，使地球绕太阳转动的学说得到了令人信服的证明。哥白尼的学说不仅改变了那个时代人类对宇宙的认识，而且根本动摇了欧洲中世纪宗教神学的理论基础。从此自然科学便开始从神学中解放出来，科学的发展从此便大踏步前进。如果否认理论对实践的巨大指导作用，就不可能有哥白尼的创世之作，因为哥白尼要想证明地球围绕着太阳转，就必须飞向宇宙，用自己的肉眼亲自验证一下，这显然是不可能的。

（二）认识与实践的辩证关系

认识与实践的辩证关系。坚持实践对认识起基础和决定的作用，只是解决理论与实践关系的前提条件，还不能正确处理理论与实践的辩证关系。因为从现实的意义上讲，理论与实践又是相互作用和相互转化的：理论不断吸取实践的成果，使之更加充实和完善，实践不断实现着理论提供的意图。实践产生理论，理论指导实践，并在实践中得到检验和发展，这种理论和实践的统一，是马克思主义认识论的一个根本原则，也是无产阶级政党的思想原则。在处理这一关系时，我们既要坚持唯物论又要坚持辩证法。任何只重视实践而忽视理论作用的做法，都不是坚持认识论辩证法的；任何只重视理论的作用而忽视实践的做法，也都不是坚持认识论辩证法，这两种做法都等于抛弃了辩证法，最终都会堕入旧唯物主义泥潭而不能自拔，在现实的实践过程中，也必然会碰得头破血流。马克思主义、毛泽东思想就是在深刻地总结了人们在改造世界的实践经验的基础上提出的。我们学习任何科学理论，学习马克思主义、毛泽东思想，不是为了别的，就是为了运用这种理论去改造我们的主观认识、指导社会实践活动。

第二节　改造主观世界与客观世界

马克思主义哲学的目的不仅要认识世界，而且要改变世界。人们认识世界的目的是为了改造世界，而改造世界其中就包括改造自己的主观世界。正如毛泽东在《实践论》中所讲到的："无产阶级和革命人民改造世界的斗争，包括实现下述的任务：改造客观世界，也改造自己的主观世界——改造自己的认识能力，改造主观世界同客观世界的关系。"。从毛泽东一生言论和实践中可以看出，他是一个"为有牺牲多壮志，敢叫日月换新天"的激情改造论者。在他看来，改造的目的是为了人类自身的解放，改造的内涵不仅包括改造客观世界，也包括改造主观世界。毛泽东在马克思主义哲学发展史上明确提出改造两个世界的思想，第一次把改造主体作为重要的哲学命题提了出来，为马克思主义哲学的历史使命和研究视域开辟了新的广阔的空间，具有重要的理论意义和现实意义。

（一）对经验主义和教条主义说不

哲学上的"唯理论"在实际工作中就会演变成教条主义；哲学上的"经验论"在实际工作中会演变成经验主义。这两类错误的思想，特别是教条主义思想，曾经在1931年至1934年使得中国革命受了极大的损失，教条主义者是披着马克思主义的外衣的，这样一来，就迷惑了很多同志。在一定意义上讲，毛泽东的《实践论》，是为着用马克思主义的认识论观点去揭露党内的教条主义和经验主义——特别是教条主义这些主观主义的错误而写的。因为重点是揭露看轻实践的教条主义这种主观主义，故题为《实践论》。

实际工作中的教条主义与哲学上的"唯理论"是一脉相承的。有教条主义思想的人，重视书本知识而轻视实际经验，不愿深入实际作艰苦的调查研究，不懂得书本知识是别人从实际经验中总结出来的，即使完全正确，也必须与具体的实际相结合才能解决问题，才有用处。按照教条主义的思想方式去做工作，从书本上的公式出发而不是从实际出发，这样的结果必然要处处碰壁，遭到失败。在中国共产党内，曾经有一部分教条主义的同志长期拒绝中国革命的经验，否认"马克思主义不是教条而是行动的指南"这个真理，而只生吞活剥马克思主义书籍中的只言片语，去吓唬人们。例如，王明把马克思列宁主义当成教条，否认马克思列宁主义是革命实践经验的总结，"把一般真理看成是凭空出现的东西，把它变成为人们所不能够琢磨的纯粹抽象的公式"，用它来到处乱套，这样的结果就是让中国的革命遭到了损失。毛泽东针对王明等人的教条主义错误进行了批判，他具体地指出："你要有知识，你就得参加变革现实的实践。你要知道梨子的滋味，你就得变革梨子，亲口吃一吃。你要知道原子的组织同性质，你就得实行物理学和化学的实验，变革原子的情况。你要知道革命的理论和方法，你就得参加革命。一切真知都是从直接经验发源的。"

实际工作中的经验主义与哲学上的"经验论"也是一脉相承的。有经验并不就是经验主义，例如，党和国家提出的建设美丽富强的"中国梦"就是来源改革开放以来的实践经验，是宝贵的财富，也是以人为本的体现。把来源于七十年代末改革开放的建设经验总结起来，作为行动指导，这完全不是经验主义。可是，经验主义者却不是这样的，他们往往满足于局部经验，轻视理论对实践的指导作用，把局部经验当作能够普遍适用的真理，因而不能通观客观过程的全体，看不到未来发展的趋势和前途，在纷繁复杂的现象中，看不清什么是正确的什么是错误的。在中国共产党内，还有另一部分经验主义的同志长期拘守于自身的片断经验，不了解理论对于革命实践的重要性，看不见革命的全局，虽然也是辛苦地——但却是盲目地在工作。例如，博古、李德等人迷信国际路线，迷信打大城市，迷信外国的政治、军事、组织、文化的那一套政策，把苏联的革命经验照搬到中国革命事业上，最终给中国革命、我党的组织造成了巨大的阻碍和破坏。第五次反围剿战役的失败就是经验主义造成的恶果。毛泽东对这种照搬外国经验、迷信苏联经验的思想进行了批判，他指出"只有那些主观地、片面地和表面地看问题的人，跑到一个地方，不问环境的情况，不看事情的全体（事情的历史和全部现状），也不触到事情的本质（事情的性质及此一事情和其他事情的内部联系），就自以为是地发号施令起来，这样的人是没有不跌交子的。"后来，李德在总结自己指挥的第五次反围剿战役时坦荡地说"我终于明白了，中国同志比我更了解他们在本国进行革命战争的正确的战略战术，我没有根据中国的地理形势、中国人特有的作战传统进行指挥。"中国的无产阶级革命和其他国家的无产阶级革命运动虽然有相似地方，但是决不能因此就不考察中国革命的具体的特点，对于如何纠正经验主义的错误，毛泽东指出："由此看来，认识的过程，第一步，是开始接触外界事情，属于感觉的阶段。第二步，是综合感觉的材料加以整理和改造，属于概念、判断和推理的阶段。只有感觉的材料十分丰富（不是零碎不全）和合于实际（不是错觉），才能根据这样的材料造出正确的概念和论理来。"

毛泽东在《实践论》的最后，用三个方面概括总结了辩证唯物主义认识论的全部原理，并从理论上对如何纠正我党历史上出现的教条主义和经验主义错误作解答。毛泽东指出："通过实践而发现真理，又通过实践而证实真理和发展真理。从感性认识而能动地发展到理性认识，又从理性认识而能动地指导革命实践，改造主观世界和客观世界。实践、认识、再实践、再认识，这种形式，循环往复以至无穷，而实践和认识之每一循环的内容，都比较地进到了高一级的程度。这就是辩证唯物论的全部认识论，这就是辩证唯物论的知行统一观。"这段话告诉我们：第一，实践是认识的基础。只有通过实践才能认识客观世界的规律性，发现真理。也只有通过实践，才能检验这种认识是否正确，证实和发展真理。实践是认识的来源，是认识的真理性的标准，是认识发展的动力。实践的观点，是辩证唯物主义认识论的第一的和基本的观点。承认或不承认实践是认识的基础，是科学的认识论同教条主义认识论的主要分歧。只有坚持实践是认识的基础，才能坚持彻底的唯物论。第二，认识的发生发展过程，是在实践的基础上，从感性认识能动地发展到理性认识，又是从理性认识能动地指导革命实践的过程。在这个过程中，任何一个阶段都是必不可少的，他们的秩序也是不能颠倒的。人们无论认识什么事物，都要经历这样的一个过程。无论什么人，想要正确认识世界、改造世界，不能使自己的认识停留在感性阶段，必须进一步飞跃到理性阶段；也不能停留在理性阶段，必须进一步飞跃到具体的实践活动中去。那种把局部经验当作普遍真理，不经过实践的检验就妄想得出真理的作法是行不通的，在现实生活中也会遭到失败或者否定。第三，教条主义和经验主义都是犯了把主观和客观分裂的错误。在第一次飞跃问题上，教条主义和经验主义都把感性认识和理性认识割裂开，或者否认理性认识依赖于感性认识。在后一次飞跃问题上，教条主义夸大思想和理论的作用，否认客观世界只有通过实际的实践才能得到改造；经验主义看不到思想和理论对实践活动的重要指导作用，不懂得认识的最终目的在于通过实践活动能动地改造世界。

在我党的早期发展过程当中，曾经经历过曲折和挫折，其中以王明的教条主义最为严重，王明的教条主义思想给我党造成了很严重的影响，阻碍了中国革命的发展。

1930 年 9 月，中共六届三中全会纠正了李立三等对中国革命形势的极左估计，结束了"左"倾冒险主义在中央的统治。但这次会议没能在思想上理论上彻底清理以李立三为代表的左倾错误，对他表现出了某些调和妥协。10 月间共产国际给中共中央来信，提出李立三的路线就是反共产国际的政治路线。王明等立刻打起"反对调和主义"的旗号，猛烈攻击三中全会后的党中央，要求彻底改造党的领导。他们认为立三路线是在左的词句下掩盖右的实质，宣称党内目前的主要危险是"右倾"。1931 年 1 月，中国共产党在上海召开六届四中全会。王明等"左"倾冒险主义者在共产国际代表米夫的支持下，以批判三中全会的所谓对于立三路线的"调和主义"为宗旨，强调反对党内主要危险的"右倾"，决定"改造充实各级领导机关"。由于得到米夫支持，原来不是中央委员，缺乏实际斗争经验的王明，不仅被补选为中央委员，而且成为政治局委员，使以王明为代表的左倾冒险主义在党中央领导机关内取得了统治地位。

李立三的错误明明是"左"的，为什么王明反而认为它是右的呢？这主要是因为王明的许多看法比李立三等的看法更"左"。王明认为，中国革命的动力只有工农和下层小资产阶级，其他一切阶级、阶层都"已转入反动的营垒"，因此没有"第三派"和"中间营垒"的存在。他把资产阶级、上层小资产阶级同帝国主义、封建主义并列，都看成是革命的对象，宣称：现在阶段的中国资产阶级民主革命，只有在坚决进行反对资产阶级的斗争中，才能得到彻底的胜利。他强调全国性的革命高潮已经到来，要在全国范围内实行进攻路线。他还认为："目前我们还没有全中国的直接革命形势，但在全国革命运动新高潮日益生长和不平衡发展的条件之下，直接革命形势，最近可以首先包括一个或者几个主要的省份。"他主张在湘鄂赣各省"真正实现一省或几省的首先胜利，进而推进与争取全国范围内的胜利"。后来的事实证明，王明的这个决断是错误的，给我党造成了很严重的损失。

王明同样坚持城市中心的观点。他教条地按照共产国际的决议提出："在中国正在成熟着新的革命运动，新的高潮最可靠的标志是工人罢工斗争的高潮""组织领导工人阶级的经济斗争，真正准备总同盟罢工以至武装起义，是共产党的最主要的任务。"王明虽然也表示重视红军的力量，但他完全不懂得在敌强我弱的形势下，红军作战的规律和革命根据地发展的规律。他指责党和红军"到一九三〇年冬还没有能够建立起一个能够真正成为最有保障的革命中心的根据地"，认为这才是真正要反对的"右倾"。在土地革命问题上，王明还教条地提出"坚决打击富农""使富农得到较坏的土地"等"左"的主张。在组织上，他要求以"积极拥护和执行国际路线的斗争干部——特别是工人干部，来改造和充实各级的领导机关"。显然，王明的决断不符合中国当时的革命形势，结果自然使我党的力量遭到损失。

党的六届四中全会实际上批准了这个"左"倾教条主义的纲领。这次全会及其以后的中央，一方面提拔了一些具有"左"倾教条主义思想的同志到中央领导岗位，另一方面"无情打击"了犯过"左"倾冒险错误和被认为犯了"调和主义"错误的同志，包括党内有威信的领导人瞿秋白，也包括曾经反对过"立三路线"的何孟雄、林育南、李求实等一批重要干部。六届四中全会后，王明"左"倾教条主义方针开始在各地贯彻。中共中央派遣许多中央代表或"新的领导干部"到全国各地去，对革命根据地和国民党统治区的地方党组织进行所谓"改造"。他们对怀疑、不满意或者不支持他们的同志，动辄扣上"右倾机会主义""富农路线""两面派"等帽子，加以"残酷斗争"。他们甚至以同罪犯和敌人作斗争的方式来进行党内斗争，使大批优秀的共产党员和干部受到诬蔑和伤害，给党造成了重大损失。

（二）努力改造主客观世界

什么是改造主观世界。主观世界是人头脑反映和把握客观世界的精神活动以及心理活动的总和。具体说来，它包括人的意识、思想觉悟、立场观点、感情意志、认识能力、道德品质、需要等等要素。主观世界是人类独有的精神世界。动物虽然有感觉、甚至有意识的萌芽，但是动物没有真正的意识，更没有主观与客观、"自我"与"环境"的区分。长期以来，人类由于劳动、语言和思维，引起了"自我"与"环境"的分化，于是区分出了主观世界与客观世界。辩证唯物主义认为，主观世界是客观世界在人脑中的能动的反映，主观世界的对象和内容是由客观世界决定的。

改造主观世界是必要的。改造主观世界实际上就是对我们的意识、思想境界进行不断的修订和提升，通过改造能使主观世界动态地适应客观世界的变化和发展，使之符合客观世界的规律。改造主观世界是极其必要的。历史的事实告诉我们，人类社会出现的种种问题都与人的意识和思想觉悟有关，由于主观世界的改造是低效的，导致主观世界的发展严重滞后于客观世界的发展，最终人们做出了很多追悔莫及的行为。1952 年 12 月 5 日，逆温层笼罩伦敦，整个城市连续数日空气寂静无风。当时伦敦冬季多使用燃煤采暖，市区内还分布有许多以煤为主要能源的火力发电站。由于逆温层的作用，煤炭燃烧产生的二氧化碳、一氧化碳、二氧化硫、粉尘等气体与污染物在城市上空蓄积，引发了连续数日的大雾天气。由于毒雾的影响，大批航班取消，无论白天还是夜晚汽车都必须打开着大灯行驶。室内音乐会也取消了，因为人们看不见舞台。伦敦的此次事件造成了约 12000 人丧生，史称"伦敦烟雾事件"。1952 年的伦敦烟雾事件引起了民众和政府当局的注意，使人们意识到控制大气污染的重要意义，并且直接推动了1956 年英国洁净空气法案的通过。伦敦烟雾事件是人类主观世界的发展严重滞后于客观世界发展的典型例子，人类主观世界的滞后将阻碍人类社会的进步，严重的甚至会给人类带来灾难。人类世界出现的种种问题，其根源都在人自身，是人类没有科学地认识和处理人与自然、人与社会、人与人的关系，归根结底，是人类没有科学地认识主观世界与客观世界的关系，没有认识到主观世界改造的重要性。"解铃还须系铃人"，人类应当对自己的未来负责，冷静地反思"自我"，从改造主观世界上下功夫，有针对性地发挥主观世界应有的积极作用，不断地塑造、更新已有的观念，唯有如此，许多现实问题才能迎刃而解。

如何改造主观世界。主观世界的改造是一个复杂的工程，能不能有效地改造主观世界，关键在于如何理解改造世界的内容和改造世界的方法。主观世界虽然是极为复杂的，但它毕竟由人类的社会实践产生和发展的。根据主观世界在实践中发挥的作用，主观世界的内容分为素质部分、能力部分和理想部分。

第一，素质部分。素质是人类主观世界的基本要素。它的形成是一个历史过程，是以观念的潜在形式存在、并不断摆脱兽性继续"人化"的过程，素质的高低标志着我们在何种程度上称之为"人"。素质包含需要、情感、理性和道德，改造主观世界实际上就是对我们的需要、情感、理性和道德的修正和提高。如何从这四个方面提高我们的素质？首先，要协调我们的需要，即协调个人发展与社会进步的关系，提倡正确、积极的需要，抵制消极不正确的需要。然后，要完善情感调控。情感是人的内心体验，从某种意义上说，人也是一种情感的存在物。所以，情感是人的本质力量，它渗透于人类生活的方方面面，直接影响人的行动。与动物不同，人的情感具有社会性，它有积极和消极的方面。积极的情感是促进社会发展、人类进步的心理动力，而消极的情感却阻碍人及社会的发展。所以，提高人的素质就是要促进我们的情感向积极性发展。第三，要发展理性。理性是人的直观、思维的能力。人与动物的本质区别就是人有理性。在一定意义上讲，理性的高低就是"人性"的高低。发展理性能使人有目的地探寻真理，并对纷繁复杂、瞬息万变的现象作出系统的说明，提高人们的素质。第四，更新道德观念。道德观念是人类特有的一种特殊的社会意识，它是主观世界素质部分最直接的表现。道德观念是由经济基础决定的，并随着经济的发展而变化。道德观念支配着人类的伦理行为，树立正确的道德观念，能极大地促进人与人、人与社会的和谐发展。

第二，能力部分。能力是人类认识世界和改造世界的水平。判断一个人是否有能力，就是看他的认知和改造客观世界的水平。想要提高能力就必须提高我们的认知能力、创造能力、调控能力。所谓认知能力就是人的敏锐性、灵活性、知识水平和经验。提高认知能力最有效的办法就是加强学习、多思考、参加实践活动。所谓创造能力就是创新性思维。只有充分调动主体各方面的需要、情感、知识，充分发挥主体的自主性，才能增强创新性思维。所谓调控能力就是自制力。自制力是成功者的基本素质，罗伊丝·史密斯说："自制力宛若受到控制的火焰，正是它造就了天才。"尽管你不想做某些事情，有了自制力，你还是会尽力去做，这样你就能做成你想做的事。人的调控能力为人类支配世界提供了可能，要把可能变为现实，只有在实践的曲折中才能发展起来。所以，我们想要改造主观世界、提高能力，就必须增强我们的认知能力、创造能力、调控能力。

第三，关注理想。理想是人类特有的一种精神现象。理想是对未来美好事物的一种憧憬。以人的认识为基础，以情感为动力，以道德为规范原则，以人的需要为目的，就表现为具有一定指向性的目标和追求，即理想。对个体来说，它是个人的奋斗目标和理想，是人生观、价值观的体现。人的理想决定着人改造主观世界和客观世界的发展趋向。理想不是一成不变的，它会根据人的认识水平和社会历史的发展而改变。树立积极的理想和人生信条对我们改造主观世界有巨大的作用。

什么是改造客观世界。客观世界是指在人们意识之外独立存在的物质世界，包括自然界和人类社会。改造客观世界，就是按照客观世界本身固有的规律性，发挥主观的能动作用，通过生产实践、阶极斗争和科学实验三项基本社会实践，变革一切不合理的事物，实现客观世界的发展和进步。

改造主观世界同客观世界的关系。改造客观世界和改造主观世界是改造世界活动的两个方面，二者是互相依存、互相促进的关系。认识世界和改造世界是相互促进的，对世界的认识越是深刻、正确，改造世界就越能取得成功；而改造世界的成果越大，就越能加深和扩大人们对客观世界的认识。人们在改造客观世界的同时，也改造着自己的主观世界，即改造自己的认识能力。正确理解、掌握它们的辩证关系，对于主观和客观世界的改造，都有重要的意义。

第一，改造主观世界是改造客观世界的条件。人们在改造客观世界的活动中，总是依据一定的计划和方案，以一定的思想和理论作指导。因为思想、计划等主观的东西，它可能是正确的，也可能是错误的。所以，只有改造我们的主观世界，使之符合于客观规律性才能保证我们的行动是正确的行动，我们的行动能得到预期的结果。这样一来，改造主观世界便成为了改造客观世界的必要条件。没有主观世界的改造，就不可能实现客观世界的改造。改造主观世界的重要意义也在于此。

第二，改造客观世界又是改造主观世界的基础。正确的思想是怎么来的？要想回答这个问题，就必须解决改造主观世界的两个重要的议题：一是改造什么，也就是改造的内容和要求；二是如何改造，也就是改造的具体途径和方法。这两个议题的解决与改造客观世界的分不开的。因为，改造主观世界的内容和要求，必须以改造客观世界的需求为标准，受改造客观世界的制约。不了解改造客观世界的需求，主观世界的改造就不可能有明确的方向。同时，改造主观世界必须在改造客观世界的社会实践中进行，这是改造主观世界唯一可靠的途径，离开了改造客观世界的社会实践，主观世界的改造就不可能实现。总之，人们要想获得正确的思想，只有通过改造客观世界的实践。这样一来，改造客观世界便成为了改造主观世界的基础，没有客视世界的改造，就没有主观世界的改造。

腾飞天际曾经是人类的理想。自古以来，人类就梦想着能够像鸟儿一样在天空中自由自在地飞翔。至今仍为儿童们喜爱的风筝，可能就是人类最原始的飞行器械。据说，有些风筝确实将人载上了天空。

我国战国初年的墨子制造了人类第一架飞行器。《韩非子·外储说左上》记载了这一发明："墨子为木鸢，三年而成，蜚（飞）一日而败。"西汉天凤六年（公元19年），王莽为了军事需要，下令征求"天下有奇技者"。有个人自称能飞上天空而去应征。《汉书·王莽传》说：此人"取大鸟翮为两翼，头与身皆著毛，通行环纽，飞数百步堕"。无独有偶，在古希腊，也曾经有一个人把鸟的羽毛用蜡和细绳绑在自己的身上，试图飞起来，结果从悬崖上向下飞时，没有飞起来，反而摔死。

失败并没有阻挡住人类对于飞翔天空的渴望，反而是人们不断地调整自己的想法，让观念更加切合实际以实现飞天梦。1782年11月，法国的蒙特哥菲尔兄弟受烟火上升的启示，设计了一个热气球，经过多次试验，于次年在巴黎进行了载人升空表演。这次气球升空激发了飞行爱好者的热情，18世纪末出现了气球飞行活动的高潮。气球飞行的发展给人们带来了深刻的启示。气球靠的是空气浮力升空的，也就是说，它的总体比重要比空气小，比空气轻。那么，能不能造出比空气浮力重的飞行器械呢？这个疑问促使人们又一次地改进自己的想法，人类离实现飞天梦更近了一步。

现代意义上的第一架飞机是由美国人奥维尔·莱特和威尔伯·莱特兄弟俩制造的。莱特兄弟本来经营自行车，精通机械制造技术，也是当时众多的飞行爱好者之一。1896 年，他们开始研究飞行，立志要制造出一架用引擎驱动的飞机。与其他飞行爱好者不同，莱特兄弟很重视科学理论，阅读了空气动力学方面的有关文献。为了读德国科学家李林塔的著作，他们还顽强地学习了德文。经过数年的反复摸索，莱特兄弟终于造出了第一架飞机——"飞行者 1 号"。1903 年 12 月 17 日上午 10 时 30 分，奥维尔·莱特驾驶"飞行者 1 号"在美国北卡罗来纳州的基蒂霍克海滩成功地进行了一次动力飞行，飞行距离为 36 米，在空中逗留了 12 秒。随后，又由威尔伯·莱特做了一次飞行，结果在59 秒内飞行了 200 米。世界上第一架飞机就这样诞生了。莱特兄弟在"飞行者 1 号"的基础上继续改进，1904 年造出了"飞行者 2 号"，1905 年造出了"飞行者 3 号"。1905 年 10 月 5 日，威尔伯·莱特驾驶"飞行者 3 号"持续飞行了 38 分钟，航程达39 千米。这次飞行表明，"飞行者 3 号"实际上已经具有实用效能，一个飞行器的时代已经来临。人类终于把飞天的理想变成了现实。

第三节　努力做到认识与实践的统一

从实践到认识，再从认识到实践，实践、认识、再实践、再认识，这是人类认识运动的辩证发展过程，也是人类认识运动的基本规律。这一认识运动过程和基本规律决定了主观和客观、认识和实践的统一是具体的和历史的。所谓具体的，即主观认识要同一定时间、地点、条件下的客观实践相符合；所谓历史的，即主观认识要同特定历史发展阶段的客观实践相适应。由于客观实践是具体的、历史的，所以，主观认识也应当是具体的、历史的。当事物的具体过程已经向前推移，转变到另一个具体过程的时候，主观认识就应当随之而转变。如果主观认识仍然停留在原来的阶段上，思想落后于实际，就容易犯保守的错误。当事物的具体过程尚未结束，原有的矛盾尚未得到充分的暴露和展开，向另一个具体过程推移、转变的条件还不具备时，如果人们硬要把将来可能做的事情勉强拿到现在来做，企图超越阶段，就容易犯冒进的错误。所以，"我们的结论是主观和客观、理论和实践、知和行的具体的历史的统一，反对一切离开具体历史的'左'的或右的错误思想。"

如何理解认识和实践、主观和客观具体的历史的统一？实践之所以成为真理的唯一的检验标准是由真理的本性和实践的特点决定的。从真理的本性来看，它是标志着主观和客观相符合的范畴。要检验人的主观和客观是否符合及其程度，就必须把主观认识和客观实际相比较、对照，才能断定它是否是真理。一种认识不能检验另一种认识的真理性，客观事物本身无所谓正确与错误，检验认识的真理性只能是实践。从实践的特点来看，实践是人们改造世界的客观的物质性活动，具有直接现实性的特点。只要人们参加实践，就必然使主观认识变为客观的东西。一般说来，如果在实践中达到原来设想的目的或预想的结果，那么，人的认识就被证实为真理；反之，则为错误的认识。逻辑证明虽然可以在一定程度上能证明待验证的认识，但它只是对实践检验的协肋，并不能代替实践检验的决定性结果。可见，实践是检验真理的唯一标准。

第五章 《实践论》的贡献与价值

第一节 中国化马克思主义的经典力作

（一）《实践论》让马克思主义哲学说了中国话

《实践论》开创马克思列宁主义理论中国化。《实践论》的发表大大推进了马克思主义中国化的历史进程。1938 年 8 月，在毛泽东的倡导下，延安成立了研究和普及马克思主义哲学的学术团体———延安新哲学会，组织干部结合研究中国革命的历史经验学习马克思主义哲学。1938 年 10 月，毛泽东在中国共产党第六届中央委员会扩大的第六次全体会议上作《论新阶段》的政治报告，明确提出使马克思主义中国化的历史任务，指出："马克思列宁主义的伟大力量，就在于它是和各个国家具体的革命实践相联系的。对于中国共产党说来，就是要学会把马克思列宁主义的理论应用于中国的具体的环境……离开中国特点来谈马克思主义，只是抽象的空洞的马克思主义。因此，使马克思主义在中国具体化，使之在其每一表现中带着必须有的中国的特性，即是说，按照中国的特点去应用它，成为全党亟待了解并亟须解决的问题。"1941年9月，毛泽东在致中央研究组及高级研究组的信中提出，研究历史经验要学习理论，而理论学习"暂以研究思想方法论为主"，并具体列出艾思奇译的《新哲学大纲》、李达译的《辩证唯物论教程》等书目。直到1942年延安整风运动，在全党确立起理论同实际相结合的实事求是的马克思主义思想路线。《实践论》的精神实质是对马列主义同中国革命具体实践相结合的必要性作充分的哲学论证，它们的问世，标志毛泽东哲学思想的系统形成，从而为实现马克思主义的中国化奠定了重要的哲学基础。实践证明，《实践论》是党的思想路线的哲学基础，是马克思主义中国化的哲学基础，是党强大的理论武器。

（二）《实践论》是当代马克思主义中国化的典范

《实践论》是马克思主义哲学中国化的奠基之作，是马克思主义哲学中国化的集中表现。在《实践论》问世以前，我国学者所著的马克思主义哲学著作主要有：被毛泽东称誉为"真正通俗而又有价值"的艾思奇的《大众哲学》，毛泽东赞赏为"中国人自己写的第一本马列主义的哲学教科书"。李达的《社会学大纲》。这些著作在历史上都产生了很大影响，但它们的共同特点是译介型、学理型、诠释型和通俗普及型，距马克思主义哲学中国化还有很长的距离。正如艾思奇所说："过去的哲学只做了一个通俗化的运动，把高深的哲学用通俗的词句加以解释，这在打破从来哲学神秘观点上……是有极大意义的，而且这也就是中国化现实化的初步……然而在基本上，整个是通俗化不等于中国化现实化。因此它也没有适应这激变的抗战形势的力量，而另一方面，因为整个并没有做到中国化现实化，所以也不够充分的通俗化。"《实践论》的问世，一改这种局面。一方面，如前所述，它是中国革命基本经验的哲学总结，在理论内容上体现了马克思主义哲学的中国化；另一方面，它用老百姓喜闻乐见的语言，使马克思主义哲学的深刻道理在生动活泼的民族形式中得到体现，从而赋予马克思主义哲学鲜明的中国特色、中国风格和中国气派。

中国革命实践需要马克思主义的指导，而马克思主义哲学指导下的中国革命实践的发展又丰富和发展了马克思主义哲学。以往人们认为，马克思、恩格斯、列宁等人的马克思主义学说已经相当完善，不需要进一步发展，要完全按照马克思等人的思想学说办事。毛泽东对于这种认识予以否认，他在《实践论》中指出："客观现实世界的变化运动永远没有完结，人们在实践中对于真理的认识也就永远没有完结。马克思列宁主义并没有结束真理，而是在实践中不断地开辟认识真理的道路。"可以说，《实践论》让人们意识到马克思主义还能中国化，马克思主义理论还没有结束真理，后世人可以进一步发展马克思主义理论。从这一意义上讲，《实践论》促进了马克思主义在中国的发展，促进了马克思主义中国化的发展。所以，根据《实践论》的要求，我们对于马克思主义理论的认识还应该进一步深化，不能"浅尝辄止"，应该努力发展具有时代特点的马克思主义理论。

邓小平理论就是对马克思主义理论的发展，是适用于我国经济建设的普遍真理。邓小平理论，是在和平与发展成为时代主题的历史条件下，在我国改革开放和现代化建设的实践中，在总结我国社会主义胜利和挫折的历史经验的基础上，逐步完善和形成科学体系的。邓小平理论贯通哲学、政治经济学和科学社会主义等领域，涵盖经济、政治、科技、教育、文化、民族、军事、外交、统一战线、党的建设等方面。第一次比较系统地初步回答了中国这样的经济文化比较落后的国家如何建设社会主义、如何巩固和发展社会主义的一系列基本问题。

（三）《实践论》是对旧有知行观的一场革命

写于1937年7月的《实践论》其副标题是"论认识和实践的关系——知和行的关系"，从某种角度上说《实践论》是对知行观的革命性变革，是具有中国性格的马克思主义认识论哲学，是对中国传统哲学、唯物主义、唯心主义知行观的伟大变革。

"知"与"行"是中国哲学史上的一对重要范畴，"知行之辩"亦是哲学史上唯物论和唯心论、辩证法和形而上学在认识论领域长期论争的一个焦点。大致说来，中国传统知行观经历了三个阶段。第一个阶段是荀子的行先知后说。这个阶段是先从中国最早的知行学"知之非艰，行之维艰"开始，经过孟子的知先行后，最后到荀子的行先知后。"知之非艰，行之维艰"这句话是假借殷相傅劝说殷高宗武丁不要只是在口头上接受他的见解，而是要付诸行动，强调行比知难，要求行和知的统一。这种朴素的知行观有辩证的因素。战国时期的孟子，用知先行后的知行分离说对这种朴素知行观加以否定。孟子认为，人的知识和才能都是天赋的，人人都有"不学而能"的良能和"不虑而知"的良知，这样就根本否定了人的认识来源于实践，否定了认识对于社会实践的依赖关系。到战国末期，荀子从唯物主义立场出发，对孟子的知先行后说加以否定。荀子认为，行先知后，知来源于行，他说"不登高山，不知天之高也；不临深池，不知地之厚也"。荀子的这个话后来被毛泽东所吸收，正如他在《实践论》中说的"你要知道梨子的滋味，你就得变革梨子，亲口吃一吃。你要知道原子的组织同性质，你就得实行物理学和化学的实验，变革原子的情况。你要知道革命的理论和方法，你就得参加革命。一切真知都是从直接经验发源的。"知既然来源于行，行就要高于知，所以荀子说"不闻不若闻之，闻之不若见之，见之不若知之，知之不若行之"。这是中国知行观上的第一个阶段。

第二个阶段是王守仁的知行合一说。这个阶段先从荀子的行先知后说发展，然后经过程颐朱熹的知先行后，最后到王守仁的知行合一。荀子的思想先后被韩非和王充所继承，但韩、王基本上没发展荀子的知行观，都是行先知后说。宋代的程颐对这种行先知后说法加以否定，他提出知在先、知不依赖于行的观点，主张"须是识在所行之先。譬如行路，须得光照"。对于知行的难易，程颐则认为行难知亦难，这是从知光行后得出的必然结论，所以程颐说："故人力行，先须要知，非特行难，知亦难也"。朱熹进一步发展了这种知先行后说，认为"知行常相须，如目无足不行，足无目不见。论先后，知为先；论轻重，行为重"。但朱熹从注重封建道德的践履出发，又强调行重知轻。朱熹说"致知力行，论其先后，固当以致知为先，然论其轻重，则当以力行为重。"明代王守仁在"心即理"的基础上，提出了知行合一说，他认为"知之真切笃实处即是行，行之明觉精察处即是知。知行工夫，本不可离，只为后世学者分作两截用功，失却知行本体，故有合一并进之说"。他反对程朱把知行分作两截用功，强调"知是行的主意，行是知的功夫，知是行之始，行是知之成"。因此而提出了"一念发动处便即是行"。王守仁的知行合一说对行先知后和知先行后都是一种否定。

第三个阶段是颜元的"重习行、轻知识"的学说。这个阶段先是从王守仁的知行合一开始发展，经过王夫之的"行可兼知""知行相资以为用，并进而有功"，发展到颜元的重习行、轻知识。明末清初的王船山对王守仁的"知行合一"说进行了否定，认为他的错误在于"销行以归知"。王船山重新强调了行先知后，并在此基础上肯定知行是统一的，提出了"知行终始不相离"的命题，认为"存心亦有知行，致知亦有知行，而更不可分一事以为知而非行，行而非知"。但王船山是用知易行难来论证行先知后的，认为"先其难，而易者从之易矣"。王船山强调行先知后，但也强调知行之间的辩证统一关系，所以其知行观是中国古代哲学史上的最高水平。清代的颜元用"习行"的观点对王夫之的知行观进行了否定，颜元更为强调"亲下手一番""习而行之"。他虽并非主张完全废弃知识，但他对理性知识、书本知识的认识是不足的。颜元对王船山的辩证知行观的否定，实际上是一种倒退。

中国传统哲学的知行观发展到近代，孙中山作为资产阶级民主革命家，突破了封建时代哲学家们把知行问题主要限于道德修养问题的狭隘眼界，从资产阶级立场上去探讨认识和实践的关系问题。孙中心强调知和行之间的"分"，其"知行分任"说和"分知分行"说都割裂了知和行之间的辩证统一关系。孙中山虽然也重视行，但他看到人类实践活动的广泛的可能性，而求索正确革命理论和科学真理则是十分困难的，所以提出了知难行易说，这就进一步加深了知和行之间的割裂，使知和行之间本来存在的辩证统一关系遭到了破坏。

毛泽东的《实践论》用马克思主义哲学批判改造中国传统哲学，最终实现了传统哲学的现代化。中国传统哲学具有重"行"的特点，但它所说的"行"基本上是个人的"道德践履"，与马克思主义哲学所理解的"实践"概念是不完全相同的。《实践论》根据马克思主义的实践观，明确地将"行"即实践规定为根据于一定的思想、理论、计划、方案以从事于变革客观现实的活动，进而说明了"行"即实践的社会性和历史性，指出人民群众的生产斗争、阶级斗争、科学实验是"行"的基本形式。这样就使传统哲学"行"的范畴，从"道德践履"和"圣人君子之行"的狭隘理论框架和历史唯心论中解脱出来，从深层的机制上实现了对"行"的改造和向"实践"范畴的现代转型。不仅如此，《实践论》还对"知"的范畴作了科学规定，把中国传统哲学中以道德原则的体认为主要任务的"知"转化为以"求真"为目的"认识"，赋予"知"以一般认识论的涵义；并进一步阐明了认识过程的辩证法，强调了逻辑思维和科学抽象的重要作用，克服了传统思维方式缺乏逻辑分析和科学抽象的缺陷；更为重要的是提出了认识过程两个飞跃的理论，从认识和实践过程的基本矛盾的运动中去寻找认识发展的内部机制，建构了主观和客观、认识和实践、知和行之间具体的历史的统一的现代知行合一论，批判和改造了唯心论的知行合一论，发展了马克思主义认识论。

毛泽东在《实践论》开篇的时候就对旧唯物主义的知行观进

行了批判，他说："马克思以前的唯物论，离开人的社会性，离开人的历史发展，去观察认识问题，因此不能了解认识对社会实践的依赖关系，即认识对生产和阶级斗争的依赖关系。"在哲学上，一讲到认识，首先就必须回答这么一个问题：人的认识是从哪里来的？关于这个问题，古今中外的哲学家提出了各种不同的理论，但从实质上看，基本上就只有两种，一种是唯物论的，另一种是唯心论的。唯物论主张物质第一性的，精神第二性的，即先有物质，后有精神，物质决定精神。从这个根本的观点出发，它认为人的认识来源于物质世界，是人脑对客观事物的反映，这就是反映论的认识路线。唯心论主张精神是第一性的，物质是第二性的，即先有精神，后有物质，精神决定物质。从这个根本的观点出发，它认为人的认识是从天上掉下来的或人脑所固有的，是先于实践经验而存在的，这就是所谓的先验论的认识路线。这两条对立的说法，始终在不断地斗争着。

唯物论在历史上经历了三个主要的阶段：首先是古代自发形成的唯物论，这种唯物论带有朴素色彩；其次是近代资产阶级的机械的或形而上学的唯物论，最后是马克思主义的辩证唯物主义和历史唯物论。马克思以前的唯物论，主要是指近代资产阶级的机械的或形而上学的唯物论，也包括古代的带有朴素色彩的唯物论。这两种唯物论虽然主张反映论，但是都不了解认识对社会实践的依赖关系。这个缺陷，是由于离开人的社会性，离开人的历史发展去观察认识问题造成的。所以，毛泽东在随后指出："马克思主义者认为人类的生产活动是最基本的实践活动，是决定其他一切活动的东西。人的认识，主要地依赖于物质的生产活动，逐渐地了解自然的现象、自然的性质、自然的规律性、人和自然的关系；

而且经过生产活动，也在各种不同程度上逐渐地认识了人和人的一定的相互关系。"

什么是人的社会性？什么又是人的历史性？人虽然是从动物界发展而来的，但是人和动物有本质的区别。动物只能消极地适应自然，人却能够积极地改造自然，改造社会。而这种改造自然、改造社会从来不是单个人孤立进行的，只有结成一定的社会关系才能进行。所以，人总是生活在一定的社会关系之中。人的这种特性，就是人的社会性。人的历史性是说，在阶级社会里，社会关系就是阶级关系，人的社会性就是阶级性。人们改造自然、改造社会的实践活动是不断发展着的，社会关系也不断在发展着。人的历史发展，就表现在认识随着社会关系的发展而发展的。这样一来，人不是孤立的、抽象的人，而是结成一定社会关系进行社会生产活动的人，并且生活在一定的历史发展阶段上，是一定的社会和阶级的人。他要么是原始社会的失足成员，要么就是奴隶社会的奴隶，要么就是封建社会的地主或者官僚，要么就是资本主义社会大工厂的工人。所以，人是具有一定的社会性的。

马克思主义的唯物论从人的社会性、历史性出发去观察认识问题，不仅看到认识是主观对客观的反映，而且指出这种反映是结成一定社会关系的人在他们的社会生产活动之中的，也就是在改造自然和改造社会的实践中实现的，是随着社会实践的发展而发展的。人们在社会关系中所处的地位不同，生活的历史时代不同，社会实践的内容也就不同，人们的认识也就不同了。可是，马克思以前的唯物论却不懂得这个道理。例如，费尔巴哈的唯物主义就是离开具体的社会关系和历史去考察人的本质，认为人和动物都是自然的一部分，都是物质的、有血有肉的实体，唯一不同的地方，不过是人具有理智、意志和感情罢了。费尔巴哈看不到这些所谓人人都有的东西，是具体的而不是哲学上的抽象。而这些人人都有的东西，对于不同的阶级、不同时代的人们来说也是根本不同的。在费尔巴哈的眼里，人只有男女之分，没有阶级和时代的差别。这样过去的旧唯物主义就只能看到人的自然的属性，而忘记了人的社会性和历史性。从这样的抽象的、生物学上的人出发去观察认识问题，旧唯物主义者就看不到社会的人所特有的改造世界的实践活动，认为人和动物一样，只能消极地适应客观环境，不能积极地能动地改造社会、改造这个世界。所以，旧唯物主义很容易陷入一种观点：任何世界的关系只有反映与被反映，没有改造和被改造的关系。这样一来，旧唯物主义者就不能科学地回答，人的认识究竟是怎样一回事，人的认识究竟是怎样发生和发展的。他们也无法回答为什么对于同一个事物，不同的人却有不同的认识。毛泽东站在马克思主义立场对旧唯物主义的认识论进行了批判，让科学的认识论成为革命人民认识世界和改造世界的理论武器，从理论上解决中国革命的问题。

　　毛泽东在《实践论》中对唯心主义知行观也作了批判。人们对客观事物的认识，总是在实践中先获得感性认识，感觉材料积累多了，才有可能上升为理性认识："……这里再重复说一说，就是理性认识依赖于感性认识的问题。如果以为理性认识可以不从感性认识得来，他就是一个唯心论者。哲学史上有所谓'唯理论'一派，就是只承认理性的实在性，不承认经验的实在性，以为只有理性靠得住，而感觉的经验是靠不住的，这一派的错误在于颠倒了事实。"理性认识依赖于感性认识，没有感性认识就不可能有理性认识，这就是认识论的唯物论。如果有人认为，理性认识可以不从感性认识得来，人们可以离开感性认识去任意地制造概念和规律，或者把概念和规律说成是人脑所固有的，那他就是一个唯心论者。

哲学史上有一种叫作"唯理论"的派别，他们认为理性认识不依赖于感性认识，他们的依据是感性认识不可靠，只有理性认识才能靠得住，人们要正确认识世界，唯一的办法就是抛开感性认识，直接依靠理性认识。这一派的理论，尽管在解释理性认识是不是客观世界的反映的问题上，有唯心与唯物之分，但从他们否定理性认识依赖于感性认识这点看，两者都是唯心的。所以毛泽东在《实践论》中对这种观点进行了批判："理性的东西所以靠得住，正是由于它来源于感性，否则理性的东西就成了无源之水，无本之木，而只是主观自生的靠不住的东西了。从认识过程的秩序说来，感觉经验是第一的东西，我们强调社会实践在认识过程中的意义，就在于只有社会实践才能使人的认识开始发生，开始从客观外界得到感觉经验。一个闭目塞听、同客观外界根本绝缘的人，是无所谓认识的。认识开始于经验——这就是认识论的唯物论。"17 世纪末到 18 世纪初，德国的著名哲学家莱布尼茨，公开主张唯心的"唯理论"。他根本否认物质世界的存在，否认认识是对客观世界的反映，认为真理不依赖于感觉经验，因为"感觉永远只能给我们提供一些例子"，只有理性才能认识普遍真理，而理性又是"以心灵为源泉的"，"心灵原来就包含着一些概念和学说的原则"。莱布尼茨的这个观点错误地表明，理性认识是先于感觉经验而存在的，先天就有的。很明显，这种观点是不正确的。17世纪末的荷兰著名哲学家斯宾诺莎同样认为，感性认识是不可靠的，感性认识不能发现任何真理，只有把这种知识排斥在外，"纯粹从食物的本质来考察食物"，才能得到可靠的知识。这个就是斯宾诺莎著名的"真理观"。正如毛泽东指出的，"唯理论"的错误在于颠倒了认识过程的秩序。实际的情况是先有感性认识，然后才能有理性认识，理性认识之所以可靠，正是因为它来源于感性认识。我们对任何事物的认识都是从感觉开始的，离开了感觉就不可能认识任何事物。列宁曾经说感觉是"意识和外部世界的直接联系"：如果感觉没有可靠性，如果人的感觉对冷热、高低、大小、胖瘦都分不清，那么"理性的东西就成了无源之水，无本之木，而只是主观自生的靠不住的东西了。"

哲学史上还有一种叫作"经验论"的派别，他们片面夸大感觉经验在认识中的作用，认为只有感觉经验才可靠，理性认识是不可靠的。这就从根本上取消了认识的理性阶段，否认了感性认识必须进一步发展到理性认识。毛泽东在实践论中也对这种派别进行了批判，毛泽东说"如果以为认识可以停顿在低级的感性阶段，以为只有感性认识可靠，而理性认识是靠不住的，这便是重复了历史上的"经验论"的错误。"由于对感觉经验的来源问题的看法不同，历史上的"经验论"也分为唯物和唯心两种。18 世纪英国著名哲学家贝克莱认为，感觉经验不是客观事物作用于我们感官的结果，而是通过内心的反省和体验得来的，感觉经验纯粹是人的心里活动的产物，他极端地认为世界就是我的感觉，离开了我的感觉，世界就不存在。贝克莱还认为，"物质"是一个虚构的名词概念，实际上并不存在"物质"这种东西。贝克莱的唯心"经验论"后来经过发展，出现了实证主义、马赫主义、实用主义等派别。对于贝克莱等人的观点，毛泽东在《实践论》中指出了问题的所在："这种理论的错误，在于不知道感觉材料固然是客观外界某些真实性的反映（我这里不来说经验只是所谓内省体验的那种唯心的经验论），但它们仅是片面的和表面的东西，这种反映是不完全的，是没有反映事物本质的。"贝克莱的观点是错误的，他否定感觉经验是客观世界的反映，否定认识开始于人的肉体感官与客观外界的感觉，否定实践是认识的唯一来源，否定亲身实践的必要性。相反，唯物的"经验论"正确地肯定了感觉经验是客观世界的反映，不是主管的东西。18世纪英国著名的哲学家洛克认为，人生下来的时候，心灵就像是一张白纸，上面什么东西也没有，并强调知识归根结底都是导源于经验。洛克虽然肯定了感觉经验的可靠性，但他也错误地认为理性认识是不可靠的，只有感官能直接感觉到的东西才可靠，认识一进入到抽象思维的领域，就是去了真实性。洛克还认为，概念就只是一种"名义的本质"，并没有真实的意义，认识的任务在感性的阶段上已经完成，无需再上升到理性认识阶段。如果说理性认识还有什么作用的话，那也不过是把感觉材料加以简单的分类整理罢了。唯物的"经验论"错误，在于它不了解感性认识的局限性和抽象思维在认识中的作用，始终停留在感觉的领域内，不愿越出感觉一步。例如，我们可以看到太阳、月亮、星星这些事物，但是这些事物的运动规律光用眼睛看是看不到的，规律摸不到看不见，只有通过科学的研究和思维才能认识到。为了认识事物的本质和规律，获得正确的思想，必须坚持认识论的辩证法。正如毛泽东指出的："要完全地反映整个的事物，反映事物的本质，反映事物的内部规律性，就必须经过思考作用，将丰富的感觉材料加以去粗取精、去伪存真、由此及彼、由表及里的改造制作工夫，造成概念和理论的系统，就必须从感性认识跃进到理性认识。这种改造过的认识，不是更空虚了更不可靠了的认识，相反，只要是在认识过程中根据于实践基础而科学地改造过的东西，正如列宁所说乃是更深刻、更正确、更完全地反映客观事物的东西。"

第二节 《实践论》的历史贡献

（一）《实践论》与延安整风运动

"承上启下"，纠正"左"右倾错误路线，消灭混乱思想，让党内认识得到统一。正如上个世纪 60 年代初毛泽东自己所说："我们在第二次国内革命战争末期和抗战初期写了《实践论》和《矛盾论》，这些都是适合于当时需要不能不写的。"中国革命最初十几年"两起两落"的曲折道路，就是因为当时我们的党出现了思想上的混乱，如果不能及时地纠正错误路线，不能及时消灭混乱的思想，把党内的认识统一起来，那么，中国共产党就不能取得中国革命的胜利。所以，总结经验和教训是中国共产党亟待解决的问题。毛泽东认为，总结经验必须提到哲学高度，因为"一切大的政治错误没有不是离开辩证唯物论的"。党内"左"右倾错误最深刻的根源是思想路线的错误，即唯上、唯书、不唯实，把马克思主义教条化，把共产国际指示神圣化，把苏联经验绝对化。如果不从思想路线上，不从哲学上解决问题，那么，纠正一种错误必定还会犯另一种错误。我们党在纠正陈独秀右倾错误以后，连续犯三次"左"倾错误，而且一次比一次严重，最后，王明"左"倾错误几乎使中国革命陷入绝境，根本原因就在于始终没有从思想路线上解决问题，没有对"左"右倾错误作哲学上的清算。有鉴于此，毛泽东在总结政治、军事斗争经验教训时，总是结合这些斗争实际进行哲学分析。

对中国革命出现的问题，对党内出现的"左"右倾思想，光靠一个《实践论》显然还不能解决问题。1935年12月，毛泽东作了《论反对日本帝国主义的策略》的报告，着重从政治路线、政治策略上总结经验，批评党内长期存在的狭隘关门主义和对于革命的急性病。在分析这些政治错误的同时，指出了其思想方法上的错误，即那种认为"圣经上载了的才是对的""山沟里没有马克思主义"的教条主义思想和主张"革命的力量是要纯粹又纯粹，革命的道路是要笔直又笔直"的错误思想。1936年12月，毛泽东又作《关于中国革命战争的战略问题》的演讲，着重从军事上总结经验，批评"左"倾教条主义者军事路线的错误，但这篇演讲首先提出的是"如何研究战争"，即研究战争的方法论问题，强调研究战争"应该着眼其特点和着眼其发展，反对战争问题上的机械论"。所有这些，都是必要的，但是，在毛泽东看来又是很不够的，还没有对"左"右倾错误作系统的哲学分析、概括和总结，还不可能使人们完整地了解和掌握马克思主义世界观和方法论。于是，在1937年7月和8月，毛泽东创作了《实践论》，用来专门讲哲学问题。所以，《实践论》具有"承上"的作用。在毛泽东的《实践论》还具有"启下"的作用。遵义会议之后，毛泽东写了《论反对日本帝国主义的策略》《中国革命战争中的战略问题》和《实践论》等著作，可以说，延安整风取得的成就与整风前的充分的组织准备和理论准备密不可分。延安整风实际上有一个长期的酝酿准备过程。毛泽东曾说：彻底转变"三风"的工作，"从遵义会议以来，就在准备"。正是由于有了充分的准备，如此浩大规模的整风运动，才能在异常复杂的历史情况下有条不紊地进行，没有引起大的波动。

（二）《实践论》推动了中国革命事业的发展

《实践论》推动革命事业的向前发展。如果全党思想不统一，乱七八糟的，党无论如何不会有战斗力。思想运动不同于生产运动，它产生的影响非常深远，同时它的作用过程由于受思想本身的性质的影响十分不易控制，需要组织者必须倍加谨慎，如果没有有效的组织、充分的准备往往会适得其反，带来思想上更大的混乱。1957 年整风出现的偏差就是一个反面的例证。但是，一旦思想运动获得了成功，他将会极大地促进党的组织建设和军队的战斗力的提升。《实践论》是通过扫清党内教条主义来实现全党思想的统一的。《实践论》深刻揭示了"左"右倾错误的认识论根源，指出"我们反对革命队伍中的顽固派，他们的思想不能随变化了的客观情况而前进，在历史上表现为右倾机会主义……我们也反对'左'翼空谈主义。他们的思想超过客观过程的一定发展阶段，有些把幻想看作真理，有些则把仅在将来有现实可能性的理想，勉强地放在现时来做，离开了当前大多数人的实践，离开了当前的现实性，在行动上表现为冒险主义。"一句话，"唯心论和机械唯物论，机会主义和冒险主义，都是以主观和客观相分裂，以认识和实践相脱离为特征的。以科学的社会实践为特征的马克思列宁主义的认识论，不能不坚决反对这些错误思想。"所以，《实践论》从客观上使全党思想逐渐统一，尤其是广大的党员干部，提高了党的战斗力，推动了革命事业的向前发展。

《实践论》让马克思主义哲学原理走进中国共产党的干部队伍里，加强了党的建设，推动了革命事业的向前发展。《实践论》对近代中国革命还有一个重要的价值，就是让哲学、尤其是马克思主义哲学走进党的干部队伍里。在中国革命初期，党的主要组成成分是工人和农民，而工人和农民对哲学、尤其是马克思主义哲学还很陌生。只有用科学的理论为指导，用正确的理论武装大脑，中国革命才有胜利的希望。从哲学的层面说，《实践论》促进了群众性哲学的学习，促进了党员干部队伍理论水平的提高。

第三节　《实践论》的当代价值

（一）《实践论》为破除"两个凡是"提供理论依据

《实践论》为破除"两个凡是"提供了有力的理论武器，为"实践是检验真理的唯一标准"观点提供了理论依据。"两个凡是"特指"凡是毛主席作出的决策，我们都坚决拥护；凡是毛主席的指示，我们都始终不渝地遵循"。其实，毛泽东早在《实践论》中指出："人类认识的历史告诉我们，许多理论的真理性是不完全的，经过实践的检验而纠正了它们的不完全性。许多理论是错误的，经过实践的检验而纠正其错误。所谓实践是真理的标准，所谓'生活、实践底观点，应该是认识论底首先的和基本的观点'，理由就在这个地方。"

"两个凡是"与真理问题的大讨论。"两个凡是"的错误思想最初出现于 1977 年 2 月 7 日《人民日报》《红旗》杂志、《解放军报》社论《学好文件抓好纲》。"两个凡是"是以教条主义的态度对待毛泽东思想，继续搞个人崇拜，阻挠对"文革"和以前"左"倾错误的纠正，干扰中共中央进行的全面拨乱反正。针对这种错误，全国开展了实践是检验真理的唯一标准的讨论。1977 年 10 月，南京大学哲学系教师胡福明给《光明日报》寄来一篇题为《实践是检验真理的标准》的稿件。报社理论部对文章作了多次修改，准备在理论版哲学专栏发表。1978 年 4 月上旬，正在中央党校学习的《光明日报》新任总编辑杨西光看到清样，说"这是一篇重要文章，放在哲学版，可惜了。"他提议作者进一步修改，加强现实针对性，并约请正在写同一主题文章的中央党校理论研究室的孙长江，共同研讨修改。文章经过反复修改，由孙长江定稿，定名为《实践是检验真理的唯一标准》。杨西光与中央党校哲学教研室主任吴江商定，为扩大文章影响，先在《理论动态》上发表，第二天再由《光明日报》公开见报。吴江就此请示胡耀邦，得到胡耀邦的批准。胡耀邦亲自审定了全文，于 5 月 10 日刊登在中央党校内部刊物《理论动态》上。11 日，《光明日报》以特约评论员名义公开发表此文。

文章重申了实践是检验真理的唯一标准这个马克思主义认识论的基本原理，强调理论与实践相统一是马克思主义的最基本原则，一个理论是否正确地反映了客观实际，是不是真理，只能靠社会实践来检验。马克思主义理论的宝库并不是一堆僵死不变的教条，它在实践中不断增加新的观点、新的结论，抛弃那些不适合新情况的个别旧观点、旧结论。我们要完成中国共产党在新时期的总任务，面临着许多新问题，需要我们去认识、去研究，躺在马列主义、毛泽东思想的现成条文上，甚至拿现成的公式去限制、宰割、裁剪无限丰富的飞速发展的革命实践，是错误的。我们要有共产党人的责任心和胆略，研究生动的实际生活，要研究现实的确切的事实，研究新的实践中提出的新问题。只有这样，才是对待马克思主义的正确态度，才能逐步前进。文章发表的当天下午，新华社立即向全国播发。第二天，全国的主要报纸纷纷转载。尽管文章所阐述的，是马克思主义的基本观点，但批判的锋芒直指"两个凡是"，反映了广大人民群众的心声，引起了强烈的社会反响。邓小平总结说："通过实践是检验真理唯一标准和'两个凡是'的争论，已经比较明确地解决了我们的思想路线问题，重新恢复和发展了毛泽东同志倡导的实事求是、理论联系实际、一切从实际出发的思想路线。"

（二）《实践论》是党的思想路线的哲学基础

《实践论》是党的思想路线的哲学基础。党的思想路线是党的生命线，《实践论》精辟论述了主观与客观、理论与实践、知和行的关系，精辟论述了认识的辩证发展过程，深刻揭示了认识运动的根本规律和真理发展的规律，回答了为什么坚持和怎样坚持党的思想路线的问题，既为确立党的思想路线提供了哲理根据，又为坚持和贯彻党的思想路线提供了科学的思想方法和认识方法。

哲学世界观是思想方法论的理论基础，思想方法论则是哲学世界观的实际运用。《实践论》为党的思想路线进行了哲学论证，党的思想路线则使以《实践论》等为经典之作的中国马克思主义哲学走向现实，与中国革命和建设实践紧密相联、并进互动。毛泽东的《实践论》作为党的实事求是思想路线的哲学基础，无论革命时期还是建设时期，都是我们手中锐利的思想武器。邓小平在总结中国社会主义最初二十年的经验教训时指出"中国搞社会主义走了相当曲折的道路。二十年的历史教训告诉我们一条最重要的原则：搞社会主义一定要遵循马克思主义的辩证唯物主义和历史唯物主义，也就是毛泽东同志概括的实事求是，或者说一切从实际出发。"

（三）《实践论》帮助我们解决理想与现实之间的冲突

人们在确立理想、实现理想的过程中，有时候会感到理想与现实之间的矛盾。特别是青少年刚刚接触社会的时候，会明显地感受到这一点。当青少年在思想上的矛盾得不到解决时，便会发生犹豫，产生困惑甚至情绪波动，对原有的信念产生动摇。但是，一旦这个矛盾得到了解决，人们则会更加坚定自己的理想信念。理想的实现是具有长期性、曲折性和艰巨性的，追求理想的过程必然也是一个艰苦奋斗的过程。那么，我们应该如何对待理想与现实的关系？我们又该如何追求理想、实现理想？深刻理解《实践论》中的认识与实践的关系，对于中学生、大学生解决理想与现实之间的冲突有着重要的意义。

正确对待理想与现实的矛盾。在青少年、青年的成长过程中，决不能用理想来否定现实，也决不能用现实来否定理想。正如毛泽东在实践论中指出的："我们也反对'左'翼空谈主义。他们的思想超过客观过程的一定发展阶段，有些把幻想看作真理，有些则把仅在将来有现实可能性的理想，勉强地放在现时来做，离开了当前大多数人的实践，离开了当前的现实性，在行动上表现为冒险主义。"有的人用理想的标准来衡量和要求现实，用理想来否定现实，进而对现实大失所望，甚至不满。这种把现实当作理想要求的倾向，不但会导致对现实的全盘否定，还会对理想丧失信心，最终抛弃理想。还有的青年人生出现了"以现实否定理想"的倾向。他们在现实生活中碰了一鼻子灰的时候，在面对理想与现实的矛盾的时候，宁愿抛弃理想，认同现实，甚至认同和美化现实中的消极现象。这是对现实理想丧失信心的表现。孰不知，理想的实现从来不是一帆风顺的。社会上一度流行的"告别理想""告别崇拜""告别革命"的思潮，以及所谓"前途、前途、有钱就图"的口头禅，就是这种"用现实否定理想"的思潮。现实中确实有许多不尽人意的地方，比如，官僚主义、腐败现象、不正之风，以及下岗、就业难等问题。这些问题完全可以通过深化改革，扩大开放，完善法制法规等来加以解决。之所以会出现这些误区，从思想方法上讲，就是由于不能辨证地看待和处理理想与现实的矛盾。理想和现实本来就是一对矛盾，它们是对立统一的关系。一方面，它们是对立的，比如理想是主观的，现实是客观的；理想是完美的，现实是有缺陷的；理想是未来的，现实是当下的，等等。另一方面，它们又是统一的。现实中孕育着理想，形成着理想，包含着理想实现的条件和因素。理想来源于现实，包含着现实的因素，并且将来会变成新的现实。所以，不仅要看到理想与现实矛盾冲突的一面，还要看到他们相一致的方面。只有这样才能全面地把握二者的关系，不因为在现实中遇到这一矛盾而产生偏颇的思想认识和态度。

在实践中把理想转化为现实。理想毕竟只是一种设想，要将理想变为现实必须依靠实践。著名的俄国寓言作家克雷洛夫曾经打过一个精彩的比喻。他说，现实是此岸，理想是彼岸，中间隔着湍急的河流，行动则是架在河上的桥梁。可见，要达到理想的彼岸是要付出代价的。人在实现理想的过程中，不可避免地要伴随着困难和挫折，理想之舟的航行处处会碰到急风恶浪。因此，要把理想转化为现实，最根本的途径是要靠自己扎实的实践。

理想实现的长期性、曲折性和艰巨性决定了追求理想的过程是一个艰苦奋斗的过程。在这个过程中，追求者会遇到各种困难和艰苦的环境，不可避免地会吃苦。如果没有吃苦耐劳的精神，没有在艰苦的环境中不懈奋斗的精神，理想的实现仍然是困难的。贪图享乐、只知坐享其成的人绝不能实现某种理想，而且事实上这样的人根本不会有什么远大的理想。追求理想的过程，也是进一步确立和强化理想信念的过程。正是在为了追求理想而艰苦奋斗的过程中，人的理想和信念经受了考验，得到了磨练，从而变得更加坚定了。只有经历了患难和在逆境中奋斗的人，也才能形成坚定的信念和坚强的意志。艰苦奋斗不是孤立的自我奋斗，而是相互配合、共同奋斗的过程。每个人都可以有自己的个人理想，但即使是个人理想，它的实现往往不是仅凭个人努力就能实现的，正所谓"一个好汉三个帮"，"好汉""英雄"也是需要帮助的，也是众人帮出来的。所以，理想的实现也需要他人的帮助和配合。另外，个人理想又是以社会理想为背景的，它的实现往往以社会共同理想的实现为基础条件。九尺之台，起于垒土；千里之行，始于足下。目前，我们国家建设有中国特色的社会主义事业本身就是共产主义远大目标在现阶段的具体实践，当代青少年在思想上要胸怀远大理想，坚定社会主义信念，把个人理想和社会理想统一起来，从行动上，立足于现实，立足于中国的实际，从自身做起，积极投身于有中国特色社会主义事业中去，在不懈的奋斗中把美好的理想变为现实。

邓小平在实践中解决理想与现实的关系问题。五四运动前后，在李石曾、吴稚晖、蔡元培等人的倡导和组织下，中华大地上掀起了一场留法勤工俭学的热潮。泛劳动主义、新村主义、无政府主义和工读主义的盛行及其在青年中的传播，是赴法勤工俭学运动兴起的思想原因。从 1919 年到 1920 年，共有 17 批约 1600 多名青年学生赴法留学，形成了留学勤工俭学运动的空前规模。其中又以四川、湖南两地人数最多。四川的留法勤工俭学运动是由吴玉章亲自倡议和领导的。1918 年底，成都和重庆两地分别成立了留法勤工俭学预备学校。该时期四川共有 98 个县的 500 多名青年学生分批赴法，他们在国内参加的社团及活动多倾向于"工读主义"邓小平就是在这股热潮中，从川北广安来到重庆，进入留法预备学校学习，接着又漂洋过海赴法勤工俭学的。时年他 16 岁，在他年幼的脑海里，充满了工业救国的思想。他满怀希望地想到法国去，一面勤工，一面俭学，学点本事。1920 年 10 月中旬，经过 40 多天的漫长旅行，邓小平与同行的 80 多名四川学生到达法国。在法国的几年里，邓小平前后做工约 4 年左右，上过一段时间的学，也经历过失学、失业的痛苦。他先后在克娄梭钢铁厂做过杂工，在蒙达尼附近的哈金森橡胶厂做过临时工，在巴黎近郊比扬古的雷诺工厂干过钳工，在饭馆里做过招待，在火车站、码头送货、搬行李，到建筑工地搬砖、搬瓦、扛洋灰、运水和泥，或打扫土地、清除垃圾，甚至还做过制造折扇和纸花的工作，等等。轻活、重活、脏活、累活，临时杂工，碰上什么干什么，哪里有活到哪里去干。在工作之余，他还挤出时间，在巴约公学、夏蒂荣公学等处学习了几个月。

艰苦的求学和做工经历，不仅锻炼了邓小平的身体，磨炼了他的意志，而且使他的思想发生了很大变化，过去所怀抱的"工业救国"的理想在冷酷的现实面前渐渐破灭了。他后来回忆道："一到法国，听先到法国的勤工俭学学生的介绍，知道那里已在第一次世界大战后的两年，所需劳动力已不似大战期间那样紧迫，找工作已不太容易，工资也不高，用勤工方法来俭学，已不可能。随着我们自己的切身体验，也证明了确是这样，做工所得，糊口都困难，哪还能读书进学堂呢。于是，那些'工业救国''学点本事'等等幻想，变成了泡影。"旧的幻想破灭了，他开始寻求新的道路。但他此时对资本主义本质认识的并不深，他在苏联学习时对自己总结道："生活的痛苦，资本家走狗——工头的辱骂，使我直接或间接地受到很大的影响，最初两年对资本主义社会性的痛恶略有感觉。"1922 年 2 月，邓小平到蒙达尼附近夏莱特市的哈金森工厂做工。蒙达尼是先进学生云集之地，是旅欧中国学生中共产主义组织的发源地之一。1922 年 6 月，赵世炎、周恩来等在法国的勤工俭学学生中的优秀分子，组建了旅欧中国少年共产党，简称旅欧少共，赵世炎为少共的总书记。旅欧少共成立后，少共总书记赵世炎经常到蒙达尼、克娄梭等地的华工和勤工俭学学生中进行活动，开会、演讲，培养积极分子，物色发展少共新成员，并在蒙达尼建立了第一个少共支部。蒙达尼地区是华工和勤工俭学学生比较集中的一个地方，赵世炎每次到蒙达尼来，都要到哈金森工厂进行活动。少共成员王若飞、尹宽等人也在哈金森橡胶厂做工。王若飞被分到胶鞋车间，他与邓小平一同工作了两个多月。做工之余，他们经常在一起散步交谈。赵世炎、王若飞等较年长的少共成员给邓小平以极大的影响和帮助。在他们的影响和带动下，邓小平开始接触马克思主义，他阅读了《共产党宣言》《国家与革命》《共产主义 ABC》等著作，并经常翻阅国内的一些革命报刊，如《新青年》《向导》等。其中《向导》周报上的许多文章都涉及中国现实的政治问题，对各种政治主张的分歧，对军阀混战等社会现象，都作了具体深刻的剖析。这些文章解决了曾经困扰邓小平的许多问题，对邓小平的思想认识的转变起了重要的作用。他开始认识到要真正拯救国家、民族的危亡，只有向俄国学习，建立劳工专政，实现社会主义。

邓小平接受马克思主义的过程，也是他自觉抵制各种非马克思主义的过程。20 年代初的法国，除了马克思主义广有影响外，还有无政府主义和各种社会主义思潮也很有市场。"在法国的中国学生中，出现了具有各种倾向的集团。其中有无政府主义派、改革主义派、国际民主主义派等许多派别，而且各自都有独自的组织与行动纲领。"早期的革命者，如陈延年、陈乔年，就曾一度热衷于无政府主义。邓小平虽年纪轻，却很少盲从，不为各种思潮所迷惑、左右，而是坚信马克思主义。他曾回忆说："我每每听到人与人相争辩时，我总是站在社会主义这边的。""总上所说，我从来就未受过其他思想的浸入，一直就是相信共产主义的。"1922年，18 岁的邓小平郑重作出了决定他终身命运的选择。这年夏秋间，他加入了旅欧中国少年共产党，成为旅欧少共最早的、也是最年轻的成员之一，成为一个有一定政治觉悟和选择了共产主义信仰的革命青年。邓小平这样回忆他加入革命队伍的过程："我在法国的五年零两个月期间，前后做工约四年（其余一年左右在党团机关工作）。从自己的劳动生活中，在先进同学的影响和帮助下，在法国工人运动的影响下，我的思想也开始变化，开始接触一些马克思主义的书籍，参加一些中国人的和法国人的宣传共产主义的集会，有了参加革命组织的要求和愿望，终于在1922年夏季被吸收为中国社会主义青年团的成员。"他从加入旅欧中国少年共产党、确立了对马克思主义的理想信念之后，就一直在共产主义这面旗帜下工作，而且积其70年的历程和岁月，历尽艰难而始终不渝。几十年后，早已做了党和国家领导人的邓小平回忆道："我自从十八岁加入革命队伍，就是想把革命干成功，没有任何别的考虑，经历也是艰难的就是了。"他还感慨地说："那个时候能够加入共产党就不容易。在那个时代，加入共产党是多大的事呀！真正叫作把一切交给党了，什么东西都交了。"邓小平从此走上了职业革命家的道路。

名词解释

1. 马克思列宁主义：是马克思主义和列宁主义的简称，马克思主义是无产阶级思想的学说体系。对马克思主义的理解分为狭义和广义。狭义上的马克思主义是指由德国思想家、哲学家卡尔·马克思和弗里德里希·冯·恩格斯本人创立的基本理论、基本观点和学说体系；广义上的马克思主义不仅是指马克思和恩格斯创立的基本理论、基本观点和学说体系，也包括后来的继承者对这一学说体系的发展，例如列宁、斯大林、毛泽东、邓小平等人对这一基本观点的发展均属于马克思主义。马克思主义哲学是马克思主义理论的基础，与以往的旧哲学不同，马克思主义哲学第一次把认识论放在实践的基础上加以理解，强调人们的认识与实践的辩证关系，并将旧哲学的最高原则改造成实践与理论的相统一，从而马克思主义哲学便不再是一门解释世界的形而上学，它是能够真正指导人们认识世界并加以改造世界的有力武器。因此，马克思主义哲学实现了哲学上的伟大变革。

2. 中华苏维埃共和国：中华苏维埃共和国是土地革命时期中国共产党在中央革命根据地瑞金建立的中央政权机构。它是后来成立的中华人民共和国的雏形，首都为江西瑞金。中央苏维埃政府的建立是我们党建立人民政权的探索和尝试，在一定程度上加强了对各根据地、各部分红军的中枢指挥作用，1935 年 10 月转移至陕北，首都由瑞金迁至陕西延安。12 月瓦窑堡会议后改为"中华苏维埃人民共和国"。1937 年 9 月 6 日，中华苏维埃人民共和国最后一个政府机关"中央政府西北办事处"变更为"中华民国陕甘宁边区政府"，此制实已终结。1937 年 9 月 22 日正式宣布取消。

3. 国际共产主义：国际共产主义是国际共产主义运动的简称，是指在世界各国开展的共产主义运动，其目的是为了推翻剥削阶级统治的社会并建立起符合无产阶级利益的社会主义国家，以达到最终实现共产主义的目的。国际共产主义运动以 1847 年 6 月世界上第一个共产主义政党共产主义者同盟的建立为开端，国际共产主义运动迄今已经历了一个半世纪，期间的第一共产国际、第二共产国际、第三共产国际都是对国际共产主义运动的继承和发展。在此间，国际共产主义运动的发展呈现出由空想到科学、由理论到实践，由理想变成现实、由一国胜利到多国胜利的发展特点。当然，符合规律的新生事物其发展都不是一帆风顺的，国际共产主义运动也同样经历了曲折。

4. 共产国际：共产国际即第三国际，是指于 1919 年 3 月在伟大的革命导师列宁领导下成立，总部位于莫斯科的国际组织。共产国际是第三国际的别称，为了区别于工人国际即第二国际而取。国产国际（第三国际）与国际共产主义运动的目标基本一致，都是以建立无产阶级社会、社会主义社会最终实现共产主义社会为目的的。从组织结构上看，共产国际（第三国际）最初成立时的各国支部多数都是从工人国际（第二国际）原有的支部分裂出来的，也就是说在某种意义上共产国际（第三国际）是从第二国际中的革命派发展来的。从思想上看，共产国际（第三国际）从建立之日起正式抛弃工人国际（第二国际）所秉持的抛弃改良主义，具有极强的革命性和革命思想。1922 年 7 月，中国共产党二大决定正式地加入共产国际，成为它的一个支部并从共产国际（第三国际）获取援助。至此以后，在中国共产党成立的早期，第三国际对中国共产党具有很大的影响力，成了中国共产党的实际领导者。

5. 陈独秀（1879 – 1942），原名庆同、官名乾生、字仲甫、号实庵，安徽怀宁人。中国新文化运动的发起人和旗帜，中国文化启蒙运动的先驱，五四运动的总司令，中国共产主义运动的先行者，中国共产党创始人之一，早期最高领导人。

1915 年创办《新青年》杂志，举起民主与科学的旗帜。1916 年任北京大学教授。1918 年和李大钊创办《每周评论》，提倡新文化，宣传马克思主义，是五四新文化运动的主要领导人之一。1920 年，在共产国际帮助下，首先在上海建立中国共产党发起组，进行建党活动。1921 年 7 月，在上海举行的中国共产党第一次全国代表大会上，被选为中央局书记。后被选为中共第二、第三届中央执行委员会委员长，第四、第五届中央委员会总书记。在国共合作的第一次国内革命战争后期，执行共产国际指示，放弃对于农民、城市小资产阶级和中等资产阶级的领导权，尤其是放弃对于武装力量的领导权，对蒋介石为首的国民党右派的进攻采取退让政策，犯了严重的右倾投降主义路线错误，使革命遭到失败。1927 年，在中共"八七"会议上被撤销总书记职务。其后，他坚持错误，对革命前途悲观失望，接受国际托洛茨基派的观点，要求中共中央接受托派路线，即坚持城市为中心的国民会议运动和工人运动，反对农村武装斗争，并在党内进行分裂活动，组织托派组织。1929 年 11 月，被开除出中国共产党。12 月，与彭述之等81 人发表《我们的政治意见书》，攻击中国共产党和红军。同时，在上海建立托派组织"无产者社"，出版《无产者》刊物，宣传托派观点。1932 年，在九一八事变后，支持抗战，谴责蒋介石卖国独裁，被国民党政府逮捕。1937 年 8 月出狱，拥护国共合作和国民党领导抗日，与托派中央决裂，在武汉联络民主人士和抗日军队，试图组织"不拥国、不阿共"的第三势力。1938 年，被王明、康生诬陷为日本间谍，从此与当时王明主导的中共彻底决裂。1942 年 5 月，于四川江津病逝。主要著作收入《独秀文存》《陈独秀文章选编》等。

6. 主体：马克思主义理论关于实践的观点中的主体，具体是指自然存在进化到高级阶段的产物，即人。只有人才能够成为实践的主体，而实践活动只能是人特有的改造客体的一种具有能动的物质性活动。

7. 客体：马克思主义理论关于实践的观点中的客体，具体是指能够进入主体的活动范围之内的客观的存在。这个客观的存在可能是有形的事物，诸如一张桌子、一把椅子；同时，这个客观的存在也可能是无形的事物。

8. 直观：马克思主义哲学中所提到的直观，具体是指人的感觉器官在于事物的直接接触中产生的感觉、知觉和表象的反应形式。它不经过中间环节也不需要中介，是对客观事物直接的、生动的反映。

9. 思维：是指人脑对现实世界能动的、概括的、间接的反应过程。包括逻辑思维与形象思维，通常情况下指逻辑思维。马克思主义哲学告诉我们，思维是在社会实践的基础上，通过对感性的材料的由此及彼、由表及里、去粗取精、去伪存真的分析和综合而进行的。思维的概括性是说思维能够对感性认识阶段所获得的材料进行加工制作，从大量的个别现象中概括出一般的东西，从许许多多特性中概括出较为本质性的东西。思维的间接性是说思维能够通过现象看到现象背后的本质，并能够运用已有的经过实践检验的知识，而无须借助直接经验而推导出新的知识。

10. 能动性：马克思主义认识论中的能动性是指，物体、思维自身所具有的内在的活力、必然运动和发展趋势的属性。能动性通常与"受动性"相对，是说作为认识主体的人类能够对外界或内部的刺激作用、影响能够作出积极的、有选择的反应或回答。我们可以发现，自然界中的无机物、有机生命体、高等动物和人类都均有能动性，但是这些能动性情况各不相同。因为能动性分为意识的能动性和实践的能动性，二者之中当属实践的能动性最为根本，实践的能动性是意识的能动性的根源和来源。只有人类才兼具有意识的能动性和实践的能动性。